Dr. Thomas Diehn

HANDELSRECHT

Vorwort zur 4. Auflage

Das Skript befindet sich nunmehr auf dem Stand **Oktober 2008**. Ich habe es im Vergleich zur Vorauflage an einigen Stellen modifiziert. Die gedrängte, aber anschauliche Darstellungsweise wurde beibehalten. Der Umfang des Skripts ist auch nicht angewachsen. Dies soll ein Beitrag zur Begrenzung der ohnehin ausladenden Stofffülle der juristischen Prüfungen sein.

In diesem Zusammenhang möchte ich erneut darauf hinweisen, dass bis zur Zweiten Juristischen Staatsprüfung handelsrechtlich vor allem Grundlagenwissen von Bedeutung ist. Es kommt nicht darauf an, möglichst viele Details zu kennen, sondern auf die grundsätzlichen Zusammenhänge und Strukturen der einzelnen Rechtsinstitute. Diesen Anforderungen ist das Skript verpflichtet. Es geht um Verständnis und Kritikfähigkeit.

Ich bedanke mich bei meinen Lesern für zahlreiche Kommentare. Sie sind im Text berücksichtigt worden. Es freut mich insbesondere, dass das Skript auch bei Wirtschaftswissenschaftlern und in Fachhochschulen auf große Resonanz gestoßen ist. Auch in der Zukunft erwarte ich wieder Lob und Kritik, die mich erreichen unter **handelsrecht@diehn.com**.

Berlin, im Oktober 2008   Dr. Thomas Diehn, LL.M. (Harvard)

Aus dem Vorwort zur 1. Auflage (2002)

Der vorliegende Juristische Grundkurs im Handelsrecht ermöglicht Studenten der **Rechts- und Wirtschaftswissenschaften**, alle Kernbereiche des geltenden Handelsrechts zu erarbeiten, zu lernen und zu repetieren. Wir haben uns um eine gedrängte, aber anschauliche und eingängige Darstellung bemüht. Beispiele und Schaubilder dienen diesem Ziel ebenso wie die für Juristische Grundkurse typische Dreiteilung des Textes: Zunächst erklären wir systematisch relevante handelsrechtliche Regelungsinhalte, präsentieren anschließend einen klassischen Klausurfall nebst Lösungsvorschlag und bieten endlich Wiederholungsfragen. Der Leser kann auf diese Weise die handelsrechtlichen Materien nachhaltig und, vor allem, klausurgerecht erlernen.

Der Umfang von rund einhundert Seiten spricht für sich: Der Ausführlichkeit und Tiefgründigkeit des Textes sind Grenzen gesetzt, enge Grenzen sogar. Wir haben uns dennoch bemüht, nicht nur an der Oberfläche von Problemen zu bleiben, sondern ein Niveau zu erreichen, wie es in Übungen im Bürgerlichen Recht für Vorgerückte durchweg erwartet wird. Dennoch sollte gerade der interessierte Leser, in Sonderheit der Wahlfachstudent, nicht davor zurückschrecken, eines der vorzüglichen Lehrbücher im Handelsrecht, die der deutsche Literaturmarkt bereithält, ergänzend zu konsultieren. Zu empfehlen ist vor allem die ausgezeichnete Darstellung von *Claus-Wilhelm Canaris, Handelsrecht, 23. Auflage, München 2000*. Da wir auf Nachweise in Form von Fußnoten entsprechend der Praxis dieser Reihe verzichtet haben, ist dieser Hinweis umso notwendiger.

COPYRIGHT: Richter-Verlag
Hans-Peter Richter
Paul-Schroeder-Straße 18
24229 Dänischenhagen
Tel. 04349-1725
Fax 04349-571
e-mail: RICHTER-VERLAG@t-online.de
Website: www.Richter-Verlag.de

Druck und Verarbeitung: Druckerei Schmidt & Klaunig, Kiel

Weitere Bücher dieser Reihe sind erhältlich über den Buchhandel oder direkt vom Verlag.

4. Auflage 2009

ISBN 978-3-935150-29-3

INHALT

A. ALLGEMEINE KLAUSURENLEHRE

Die Schwierigkeit einer juristischen Fallklausur rührt daher, dass so wenig richtig und so viel falsch gemacht werden kann. Denn richtig ist nur, was materiell zutreffend ist **und** an der logisch richtigen Stelle erörtert wird. Falsch hingegen ist sowohl, was entweder materiell unzutreffend ist **oder** an unangebrachter Stelle erörtert wird **oder** für die Lösung insgesamt völlig unerheblich, namentlich überflüssig ist. So bietet die Darstellung der Lösung eines Falles sehr viele Möglichkeiten, Minuspunkte zu sammeln, hingegen nur wenige, um positiv zu punkten. Dieser Schwierigkeit müssen Sie entgegentreten.

Mit Abstand die meisten Klausuren sind insbesondere deshalb mangelhaft, weil sie an einem **Kardinalfehler** leiden. Von diesen gibt es zwei:

- **Strukturfehler** und
- *grobe* Fehler im materiellen Recht.

Zur letzteren Gruppe gehört, um nur ein Beispiel aus dem allgemeinen Zivilrecht zu nennen, die Missachtung des Abstraktionsprinzips. Solche Fehler sind ärgerlich, aber durch Grundkenntnisse im materiellen Recht zu vermeiden; dazu gleich. Machen Sie sich aber bitte zunächst klar, dass all Ihre Detailkenntnisse im materiellen Recht wenig nützen, wenn sie diese nicht richtig in Ihre Lösung einzubauen vermögen oder eine Klausur falsch „aufhängen", kurz: einen Strukturfehler begehen.

Jeder Korrektor wird unzufrieden, wenn Sie nicht sauber – wenn auch ggf. in gebotener Kürze – alle Tatbestandsvoraussetzungen in logischer Folgerichtigkeit, dass heißt in der richtigen chronologischen und hierarchischen Abfolge, durchprüfen. Lernen Sie einen Anspruch deshalb, bevor Sie in materielle Fragen eintauchen, **in seiner Struktur**! Dazu genügt es häufig, dessen gesetzliche Grundlage zu lesen. So gewinnen Sie sehr viel Sicherheit – das Gesetz haben Sie während der Klausur dabei – und können Probleme flexibler anpacken.

Auch das materielle Recht an sich sollten Sie „strukturiert" lernen, denn nur so haben Sie eine realistische Chance, all das zu behalten, was heutzutage für das juristische Staatsexamen, die Zwischenprüfungen respektive die Übungen für Vorgerückte – und in denen werden Sie mit Handelsrecht konfrontiert – nötig ist. Ihr Gedächtnis ist nicht in der Lage, linear Informationen aufzunehmen. Sie müssen verschiedene Informationsebenen bilden, jeder Ebene eine kleine Zahl von Elementen zuordnen, und sich die Beziehung der verschiedenen Ebenen untereinander klarmachen. Auf diese Art und Weise können Sie große Mengen an Wissen abrufbereit speichern. Durchdenken Sie unser folgendes

Bsp.: *Wenn Sie im Strafrecht den Diebstahl lernen, gehen Sie wie folgt vor:*

1. *Sie merken sich zuerst die elementare Trias „Tatbestand, Rechtswidrigkeit und Schuld". Das ist der allererste Schritt, ohne den nichts geht. Die drei Elemente müssen Sie beherrschen, bevor Sie weitermachen.*
2. *Als nächstes schauen Sie sich den Tatbestand an und erkennen die Gliederung in einen objektiven und einen subjektiven Teil. Rechtswidrigkeit und Schuld werfen hier schon keine Probleme mehr auf. Deshalb geht es nur im Tatbestand weiter.*
3. *Für den objektiven Teil erkennen Sie 4 Elemente: fremd, beweglich, Sache und Wegnahme. Im subjektiven Bereich lernen Sie Vorsatz und Absicht rechtswidriger Zueignung.*
4. *Auf der nächsten Detailstufe wird es schwieriger. Sie müssen nämlich nun die Definition für fremd, beweglich, Sache und Wegnahme einerseits lernen und erkennen, dass sich die Zueignungsabsicht aus Enteignungsvorsatz und Aneignungsabsicht zusammensetzt.*

So gehen Sie weiter vor, und zwar Ebene für Ebene. Wichtig ist, dass Sie keine Ebene überspringen. Versuchen Sie lieber, in den Grundlagen sehr sicher zu werden, als Detailkenntnisse unsystematisch zu lernen. Letzteres bringt meistens gar nichts.

Machen Sie sich insbesondere immer klar, woraus im Gesetz folgt, was Sie gerade lernen. Das Auswendiglernen hat nur einen einzigen Sinn, nämlich dass Sie schneller werden. Auf keinen Fall entbindet es Sie davon, die Verbindung zwischen dem geschrieben Gesetz und der darauf aufbauenden dogmatischen Feinheit zu verstehen.

Weiteres Bsp.: *Der Kaufmannsbegriff ist nicht wenig komplex. Wie sollte man an ihn herangehen? Ein erster Schritt besteht wieder darin, die allgemeinste Ebene komplett (!) zu erfassen und zu lernen. Das bedeutet hier zu erkennen, dass es drei große Kategorien gibt, nämlich den Kaufmann kraft Betrieb eines Gewerbes, den kraft Rechtsform und den kraft Rechtsschein. Diese Einteilung muss Ihnen bis zum Examen hin jederzeit geläufig sein. Wenn und erst, sofern Sie dies verstanden haben, fragen Sie weiter, was den Kaufmann kraft Betrieb eines Gewerbes (und kraft Rechtsform und kraft Rechtsschein) ausmacht. Sie sehen nun, dass es hier zwischen Ist-Kaufmann und Kann-Kaufmann zu unterscheiden gilt. (Wo sind dafür die gesetzlichen Anknüpfungspunkte?) Für beide sind die Begriffe des Gewerbes und des Betreibens elementar. Der Betrieb eines Ist-Kaufmanns erfordert ein Handelsgewerbe; der Kann-Kaufmann wird (nur) kraft (freiwilliger) Eintragung im Handelsregister Kaufmann. Erst wenn Ihnen diese Unterscheidung klar ist, gehen Sie eine weitere Ebene tiefer und prägen sich ein, was 1. ein Gewerbe ausmacht, 2. Betreiben bedeutet und 3. ein Handelsgewerbe ist ...*

Sie müssen eine Strukturebene immer erst vollständig begreifen, bevor sie Details anpacken. So werden Sie immer wissen, auf welcher Ebene Sie sich gedanklich oder in einer Klausur gerade befinden, können entsprechende Zwischenergebnisse formulieren und eine insgesamt sauber strukturierte Lösung abliefern. Sie schlagen **zwei Fliegen mit einer Klappe**: Erstens vermeiden Sie den Kardinalfehler „Strukturmangel" und zweitens können Sie sich auf diese strukturierte Weise sehr viel mehr merken, und zwar nachhaltig.

Soweit Sie eine Klausur sauber ohne Strukturfehler herunterschreiben, völlig naiv und ohne Zusatzwissen, **bestehen Sie problemlos!** Wer mehr will, muss sich zunächst des eigentlichen Dramas einer Fallklausur bewusst sein: Weite Teile der Klausur, nämlich dessen ganze Struktur, insbesondere alle *un*problematischen Tatbestandsmerkmale, bringen *keine* Pluspunkte, sondern können nur, falls man Fehler macht, zu (erheblichen) Abzügen führen. Insofern ist über unsere obigen Ausführungen hinaus ein noch gesteigerter Schwierigkeitsgrad die Realität. Pluspunkte kann man in den **streitigen Teilen** der Klausur bekommen, und nur dort. Diese an sich richtige Vorstellung darf aber nicht von der Grundannahme ablenken, dass jeder falsch plazierte Streit wiederum schädlich ist. Deshalb ist – und wir wiederholen dies gern – immer und immer wieder Grundvoraussetzung, sauber **strukturiert zum Problem hinzuführen**. Erst dann kann man gewinnen und in schwindelerregende Punkthöhen steigen.

Empfehlenswerte Literatur:

Fritjof Haft, Einführung in das juristische Lernen, jeweils aktuellste Auflage.

Was die **juristischen Streitstände** an sich angeht, halten wir es für gleichgültig, ob Sie einer mysteriösen herrschenden Ansicht folgen oder diese kritisieren. Hier sind Argumente und ein gewisses Geschick in der Darstellung gefragt. Halten Sie sich aber immer vor Augen, dass Ihr Korrektor verstehen muss, was Sie schreiben. Das wird zwar am ehesten der Fall sein, wenn Sie möglichst exakt die ihm vorliegende Lösungsskizze reproduzieren. Jedenfalls aber, wenn sich die Entscheidung eines Streits nicht auf den weiteren Klausurverlauf auswirkt, **steht eine Mindermeinung der herrschenden Auffassung nichts nach**. Im Gegenteil: Versuchen Sie, dem Korrektor durch Ihre Darstellung der Klausurlösung den Eindruck zu vermitteln, überlegen mit den Problemen umzugehen. Hat der Korrektor das Gefühl, dass Sie mit den Normen spielen, und nicht etwa die Normen mit Ihnen, hält er Sie für einen guten Juristen und punktet entsprechend. Dieser Eindruck kann dadurch hervorgerufen werden, dass Sie auch mal den Mut haben, nicht nur die herrschende Auffassung herunterzubeten, sondern mit überzeugenden Argumenten eine andere Lösung zu vertreten! Nutzen Sie diese Möglichkeit – der nachfolgende Grundkurs enthält in dieser Hinsicht zahlreiche Anregungen. Für die Zweite Juristische Staatsprüfung freilich gilt, möglichst nahe an der Rechtsprechung zu bleiben. Aber auch dort – und dies ist der entscheidende Unterschied zwischen Klausur und Praxis – darf eine kritische Auseinandersetzung mit dem Problem nicht fehlen.

Empfehlenswerte Literatur:

STREITSTÄNDE *KOMPAKT, erschienen in mehreren Bänden zu verschiedenen Rechtsgebieten im RICHTER-VERLAG.*

B. HANDELSRECHTLICHE KLAUSUREN

Handelsrechtliche Klausuren weisen materiell-rechtlich keine Besonderheiten auf. In struktureller Hinsicht ist darauf hinzuweisen, dass in der überwältigenden Vielzahl der Fälle Handelsrecht nur im Rahmen von allgemeinen zivilrechtlichen Ansprüchen relevant wird. Der Grund ist einfach: Das Handelsrecht selbst enthält kaum eigene Anspruchsgrundlagen. Deshalb gilt hier im Besonderen, **erst** sauber den **logisch richtigen Standort** (chronologisch und hierarchisch) der handelsrechtlichen Aspekte des Falles herauszuarbeiten und in der Klausur darzustellen.

> **Prüfen Sie handelsrechtliche Aspekte niemals als Vorfrage, sondern immer erst dort, wo sie innerhalb des bürgerlich-rechtlichen Anspruchsaufbaus tatsächlich relevant werden!**

Bsp.: Kommt es in der Klausur auf die Wirksamkeit eines Bürgschaftsversprechens an, dürfen Sie keinesfalls vorab schon einmal die Kaufmannseigenschaft des Versprechenden prüfen. Vielmehr tun Sie so, als läge ein „ganz normaler BGB-Fall" vor, um, nachdem Sie den Schluss gezogen haben, dass gemäß § 766 S. 1 BGB das Versprechen grundsätzlich der Schriftform bedarf – an der es im Fall freilich fehlt – auf § 350 HGB einzugehen.

Im Handelsrecht gilt daher nachgerade als Leitgedanke: **Erst antäuschen, dann zuschlagen.**

Bsp.: Geht es in der Klausur um Ansprüche wegen Sachmängeln, so sind diese erst durchzuprüfen. Das kann u. U. zwar schnell gehen; falsch wäre aber jedenfalls, sofort auf die Kaufmannseigenschaft einzugehen und den Anspruch mit der Begründung zu verneinen, dass gemäß § 377 I HGB unverzüglich hätte gerügt werden müssen.

Nachdem wir bis jetzt mehr oder weniger formelle grundsätzliche Überlegungen angestellt haben, folgen nun noch einige materielle.

C. GRUNDPRINZIPIEN DES HANDELSRECHTS

Handelsrecht ist das **Sonderprivatrecht der Kaufleute**. Viele seiner Regeln versteht man, hält man sich die Bedürfnisse eines gut funktionierenden Handels vor Augen. Der Wirtschaftsverkehr ist nämlich angewiesen auf:

- **Schnelligkeit** (z. B. unverzügliche Mängelrüge, § 377 HGB) und
- **Vertrauensschutz** sowie Rechtsklarheit (z. B. §§ 15 und 366 HGB).

Außerdem bedürfen Kaufleute weniger der schützenden Hand des Staates. Deshalb setzt das Handelsrecht im stärkeren Maße als das BGB auf:

- Selbstverantwortung des Handelnden (z. B. Formfreiheit, § 350 HGB) und
- Entgeltlichkeit (z. B. § 354 HGB).

Diese Prinzipien eignen sich hervorragend als Argumentationsgrundlage in Klausuren.

D. RECHTSGRUNDLAGEN

Fragt man sich, wo das Handelsrecht gesetzlich normiert ist, kommt man schnell auf das **Handelsgesetzbuch**. Und in der Tat, es ist dessen wichtigste Rechtsgrundlage. Überdies gibt es noch zahlreiche Nebengesetze (z. B. das Wechsel- und Scheckgesetz) und (wenig bedeutsames) handelsrechtliches Gewohnheitsrecht, außerdem Handelsbräuche.

Im Rahmen des Grundkurses behandeln wir nur den **Kernbereich** des Handelsrechts, der auf **zwei großen Säulen** ruht: Dem Recht des Handelsstandes und dem Recht der Handelsgeschäfte.

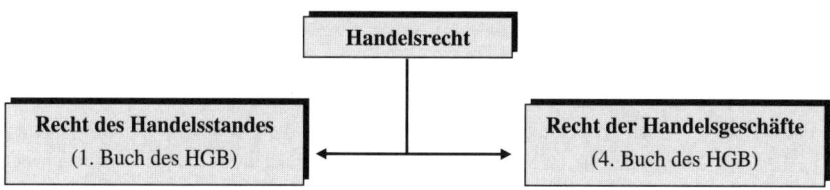

Im ersten Abschnitt erläutern wir das **Recht des Handelsstandes**. Im Mittelpunkt stehen der Kaufmann und seine Hilfspersonen, das Handelsregister, Fragen handelsrechtlicher Stellvertretung sowie Grundzüge des Firmenrechts. Wegen ihrer **besonderen Klausurrelevanz** seien alle Fragen des **Handelsregisters** und des besonderen **Stellvertretungsrechts** schon hier ausdrücklich hervorgehoben.

Das **Recht der Handelsgeschäfte** als zweiter großer Abschnitt beschreibt die speziellen Regeln, die auf Kaufleute für bestimmte Rechtsgeschäfte Anwendung finden. Dieser Teil ist wie das Schuldrecht des BGB aufgebaut: Es gibt **allgemeine** Regeln, z. B. zum Erwerb vom Nichtberechtigten, zur Abtretung und zum kaufmännischen Zurückbehaltungsrecht, und **spezielle** zu verschiedenen Vertragstypen, von denen wir den Handelskauf und das Kommissionsgeschäft näher behandeln. Auch hier kann die außerordentliche **Klausurrelevanz** der Regeln über den **Handelskauf** nicht deutlich genug hervorgehoben werden.

> Das Handelsrecht modifiziert viele klassische Rechtsinstitute des BGB. In diesen Bereichen ist es **lex specialis** gegenüber dem Bürgerlichen Recht, Art. 2 I EGHGB. Deshalb ist – wir wiederholen dies – jede Handelsrechtsklausur auch eine Klausur im BGB. Seine Regelungen geben das Grundgerüst der Fallösung vor. Die Schwierigkeit besteht darin, an der richtigen Stelle **handelsrechtliche Modifikationen** einzubringen.

Auch wenn hier nur das 1. und 4. Buch des HGB interessieren, was steht eigentlich in den **anderen Büchern** des *Handels*gesetzbuches? Dessen zweites Buch behandelt das Recht der Handelsgesellschaften. Es hat sich zu einem eigenständigen Rechtsgebiet, dem *Gesellschaftsrecht*, entwickelt.

Empfehlenswerte Literatur:

Juristische Grundkurse, Band 24, Gesellschaftsrecht, **RICHTER VERLAG**.

Im dritten Buch findet man Regeln zur *Rechnungslegung* und Bilanzierung. Das *Seehandelsrecht* des fünften Buches ist nicht einmal in der Sammlung „Deutsche Gesetze", dem Schönfelder, abgedruckt.

Sie sollten spätestens jetzt Ihren Schönfelder zur Hand nehmen und sich die Systematik des HGB unter Zuhilfenahme der Inhaltsübersicht klarmachen. Schon allein Kenntnis der Struktur eines Gesetzes schafft Souveränität und Sicherheit und damit die Grundlage für eine gelungene Klausur! Vermeiden Sie einen der Hauptfehler in jeder Klausur, nämlich unzureichende **Gesetzeslektüre**. Auch wenn Sie meinen, den Wortlaut einer Norm im Kopf zu haben, sehen Sie sicherheitshalber nach. Die dafür aufzuwendende Zeit ist gut investiert.

1. ABSCHNITT
DER HANDELSSTAND

1. KAPITEL
DER KAUFMANN

Wir hatten oben gesagt, das Handelsrecht sei **Sonderprivatrecht der Kaufleute**. Für die Anwendbarkeit des Handelsrechts ist denn auch der **Begriff des Kaufmanns** von zentraler Bedeutung. Denn handelsrechtliche Vorschriften finden grundsätzlich nur dann Anwendung, wenn **mindestens einer der am Geschäft Beteiligten Kaufmann ist**. Das Gesetz folgt damit dem sogenannten subjektiven System: Der Handelsstand mindestens einer Vertragspartei ist entscheidend.

MERKE: **Handelsrecht findet grundsätzlich nur Anwendung, wenn mindestens eine der beteiligten Personen Kaufmann ist.**

Die Kaufmannseigenschaft steht daher immer am Anfang der Prüfung handelsrechtlicher Normen. **Drei** Typen von Kaufleuten i. S. des Handelsgesetzbuchs sind zu unterscheiden:

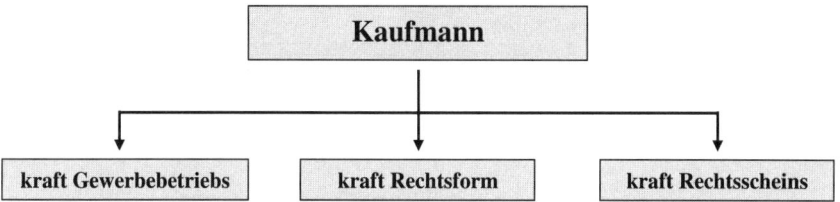

Wir werden sie nacheinander ausführlich behandeln. Hier jedoch schon einige **Beispiele**:

- **Kaufleute kraft Gewerbebetriebs sind**
    - o K, der einen Großhandel betreibt,
    - o Kleingewerbetreibender H, der im Handelsregister eingetragen ist.

- **Kaufmann kraft Rechtsform sind**
    - o die Aktiengesellschaft (§ 3 I AktG i.V.m. § 6 I, II HGB) und
    - o die GmbH (§ 13 III GmbHG i.V.m. § 6 I, II HGB).

- **Kaufmann kraft Rechtsscheins ist**
    - o K, der zwar nur einen kleinen Tante-Emma-Laden betreibt und nicht im Handelsregister eingetragen ist, aber als "TEL-Großhandel" auftritt. Er muss sich gutgläubigen Dritten gegenüber wie ein Kaufmann behandeln lassen.

I. Der Kaufmann kraft Gewerbebetriebs

Nach **§ 1 I HGB** ist Kaufmann, „wer ein Handelsgewerbe betreibt". Das Gesetz bestimmt für diesen Kaufmannstyp damit folgende drei Voraussetzungen:

1. Die ausgeübte Tätigkeit muss ein **Gewerbe** darstellen.
2. Das Gewerbe muss **betrieben** werden.
3. Es muss zudem ein *Handels*gewerbe sein.

Diese Merkmale sind in einer Klausur jeweils festzustellen, um die Kaufmannseigenschaft kraft Gewerbebetriebs zu bejahen und so die Anwendbarkeit handelsrechtlicher Normen zu eröffnen. Im Einzelnen:

1. Die Merkmale des Gewerbes i.S.v. § 1 I HGB

Ein Gewerbe liegt nach herrschender Auffassung dann vor, wenn folgende Merkmale gleichzeitig erfüllt sind:

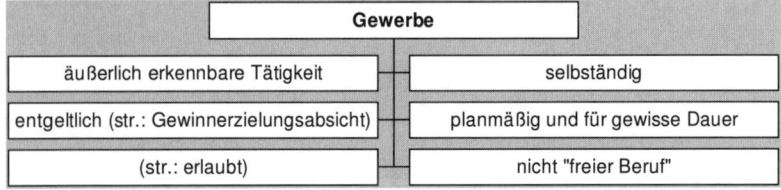

a. Selbständigkeit

Kaufmann ist nur, wer selbständig handelt, dass heißt, seine **Tätigkeit** im Wesentlichen **frei gestalten** und seine Arbeitszeit frei bestimmen kann. Hier erfolgt also die **Abgrenzung zu Arbeitnehmern** und Beamten.

> Was selbständig bedeutet, bestimmt das Gesetz im Zusammenhang mit dem Handelsvertreter in **§ 84 I 2 HGB**. Die Definition kann man sich zu nutze machen.

§ 84 I 2 BGB ist eine wichtige Vorschrift, die vor allem auch im **Arbeitsrecht** bei der Abgrenzung des Arbeitnehmers von freien Mitarbeitern große Bedeutung hat! Deshalb: Gut einprägen!

Hinweis*:*
> Lernen Sie die Merkmale des Gewerbes,
> indem Sie sich die **Gegenbeispiele** einprägen!

An der Selbständigkeit fehlt es in unserem

Gegenbeispiel: Student S ist Hilfskraft am Lehrstuhl von Prof. E. Zwar mag S bei seiner Arbeits-
zeiteinteilung relativ frei sein, die zu erledigenden Aufgaben werden ihm jedoch von E vorgege-
ben. Er betreibt daher schon mangels Selbständigkeit kein Gewerbe und ist kein Kaufmann,
sondern vielmehr Arbeitnehmer.

b. Entgeltlichkeit / Gewinnerzielungsabsicht

aa. Unstreitig ist auch, dass der Kaufmann seine Produkte am Markt **gegen Entgelt** anbieten muss. Erinnern Sie sich an unser entsprechendes Grundprinzip des Handelsrechts (S. 4)! An diesem Merkmal fehlt es im folgenden

Gegenbeispiel: Student S verteilt regelmäßig Brötchen an Obdachlose. – Ein Gewerbe liegt im Ver-
schenken von Brötchen mangels Entgeltlichkeit nicht.

bb. Vor allem die Rechtsprechung fordert über die Entgeltlichkeit hinaus noch **Gewinnerzie-lungsabsicht.** Hier sind Zweifel angebracht: Die Rechtfertigung für die Anwendbarkeit han-delsrechtlicher Normen liegt nämlich nicht im Gewinnstreben, sondern im **unternehmeri-schen Auftreten** im Rechtsverkehr. Ob Profit gemacht werden soll, bleibt in den meisten Fäl-len ohnehin unerkannt und eignet sich daher als Abgrenzungskriterium nur wenig. Außerdem und vor allem folgt aus dem Verzicht auf Gewinnerzielung keinesfalls, dass der Unternehmer nicht „kaufmännisch" auftritt. Praktische Bedeutung hat dieser Streit heute allerdings nicht mehr, denn insbesondere staatliche Versorgungsunternehmen wie Wasserbetriebe werden heute meist in Form einer GmbH oder Aktiengesellschaft betrieben, die Kaufleute kraft Rechtsform sind (§§ 3 I AktG, 13 III GmbHG, 6 I, II HGB).

Hinweis: Anders dagegen der steuerrechtliche Gewerbebegriff; bei ihm stellt die Gewinnerzielungsabsicht ein wesentliches Merkmal dar!

Dass man hier grundsätzlich flexibel argumentieren kann, zeigt folgendes

Beispiel: Die kleine karitative Gesellschaft „help" verkauft regelmäßig warme Suppen an Arme.
Sie will nur kostendeckend arbeiten. – Stellt man nur auf das Kriterium der Entgeltlichkeit ab,
läge ein Gewerbe vor. Eine Ansicht fordert darüber hinaus Gewinnerzielungsabsicht; daran
fehlt es hier aber. Gegen die Relevanz der Gewinnerzielungsabsicht spricht zwar, dass allein
das unternehmerische Auftreten entscheidend für die Frage ist, ob ein Gewerbe vorliegt oder
nicht. Jedoch ist erstens zweifelhaft, ob „help" unternehmerisch auftritt. Zweitens wird man sa-
gen können, dass von kleineren karitativen Gesellschaften nicht erwartet wird, die strengen Re-
geln des kaufmännischen Verkehrs einzuhalten. Deshalb betreibt „help" hier kein Gewerbe.
(Das gegenteilige Ergebnis ist auch sehr gut vertretbar, allerdings folgt dann nicht gleich die
Kaufmannseigenschaft von „help", denn dafür müssen die übrigen Voraussetzungen vorliegen.)

Häufig ist die Gewinnerzielungsabsicht völlig **unproblematisch.** Bei privaten Wirtschaftsunternehmen wird sie nach der Rechtsprechung des BGH **vermutet.** Ergeben sich aus dem Sachverhalt keine näheren Hinweise, braucht darauf des-halb **nicht näher eingegangen** zu werden. Nur bei Tätigkeiten der öffentlichen Hand ist Gewinnerzielungsabsicht immer gesondert zu erörtern.

c. Planmäßigkeit

Ein Gewerbe liegt nur vor, wenn sich die Absicht des Handelnden von Anfang an auf eine **Vielzahl von Geschäften** als Ganzes richtet. Entscheidend ist, dass während eines bestimmten Zeitraums ein **ganzer Komplex gleichartiger Geschäfte** geschlossen werden soll.

Daran dürfte es fehlen in unserem folgenden

> **Beispiel:** *Student S kauft und verkauft gelegentlich gebrauchte Skripten. – Selbst wenn S mehrere Käufe und Verkäufe abschließt, reicht dies für eine planmäßige Tätigkeit noch nicht aus.*

> **Gegenbeispiel:** *Student S betreibt in den Semesterferien einen kleinen Getränkeverkauf vor der Uni. – Er handelt gewerblich i.S. des HGB. Der **kurze Zeitraum schadet nicht**.*

d. Erlaubtheit

Das Erfordernis der Erlaubtheit oder der Wirksamkeit der geschlossenen Geschäfte ist umstritten. Aus § 7 HGB folgt jedenfalls, dass die öffentlich-rechtliche Erlaubtheit einer Tätigkeit, also z. B. nach der Gewerbeordnung, keine Voraussetzung für die Anwendung des HGB ist. Gleiches muss aber für gesetzes- und sittenwidrige Tätigkeiten i. S. der §§ 134, 138 BGB, insbesondere für Hehlerei und Wucher, gelten. Der Gewerbebegriff ist nämlich richtiger Auffassung zufolge **wertneutral**. Ob die abgeschlossenen Geschäfte gemäß §§ 134, 138 BGB nichtig sind, ist eine andere Frage, die auf die Existenz eines Gewerbes an sich keinen Einfluss hat.

> **Beispiel:** *Student S betreibt regen Handel mit gestohlenen Skripten. – Auch darin liegt ein Gewerbe. Seine Strafbarkeit nach § 259 I StGB ändert daran nichts.*

e. Äußerlich erkennbare Tätigkeit

Die gewerbliche Tätigkeit muss **offen** sein, das heißt nach außen hin in Erscheinung treten. Dieses Merkmal ist nicht erfüllt im folgenden

> **Gegenbeispiel:** *Student S spekuliert heimlich an der Börse. Schon infolge der Heimlichkeit seines Tuns betreibt S kein Gewerbe und ist daher kein Kaufmann.*

f. Kein "freier Beruf"

Während die vorgenannten Merkmale (auch in der Klausur) von weniger großer Bedeutung sind, spielt das *negative* Merkmal, dass die Tätigkeit nicht zu den sogenannten freien Berufen gehört, eine **erhebliche Rolle**. Für viele freie Berufe ist gesetzlich festgelegt, dass sie **kein Gewerbe** betreiben, z. B. für:

- Rechtsanwälte (§ 2 II BRAO)
- Steuerberater (§ 32 II 2 SteuerberG)
- Ärzte (§ 1 II BÄrzteO)

- Notare (§ 2 S. 3 BNotO)
- Wirtschaftsprüfer (§ 1 II 2 WprüferG)
- Zahnärzte (§ 1 IV ZahnheilkundeG).

Darüber hinaus sind aber kraft gefestigter Rechtstradition auch die meisten anderen freien Berufe, **Wissenschaftler** und **Künstler** von den Gewerbetreibenden ausgenommen, so z. B. Architekten, Bildhauer, Dolmetscher, Privatlehrer und Schriftsteller.

In § 1 II PartGG (Schönfelder Nr. 50b) findet sich ein **Katalog der freien Berufe**. Dieser kann in Klausuren als Gedankenstütze dienen. Wie man die Gruppe der freien Berufe und Künstler genau abgrenzen kann, ist dennoch unklar. Kriterien dürften die **höchstpersönliche Natur der Leistungserbringung**, das hohe Niveau der Tätigkeit und ggf. die Existenz eines eigenen Standesrechts sein. Wo freilich künstlerische Tätigkeit endet und kunsthandwerkliche – also gewerbliche – beginnt, oder wann aus einem künstlerischen Fotoatelier ein Gewerbebetrieb für Fotos wird, muss im Einzelfall argumentativ erörtert werden. Man sollte sich immer fragen, ob hinter einem höheren Interesse der Wissenschaft oder Kunst der **Erwerbszweck zurücktritt**. Diese Unterscheidung illustriert das folgende

> *Beispiel: Student S malt. Seine Bilder verkauft er regelmäßig in selbst organisierten Ausstellungen. Hier steht die künstlerisch-individuelle Leistungserbringung klar im Vordergrund, so dass ein Gewerbe ausscheiden muss.*
>
> *Gegenbeispiel: Der Kunsthändler K, der unserem malenden Studenten seine Bilder abkauft, betreibt hingegen ein Gewerbe.*

g. Die Gewerbemerkmale in der Klausur

Die einzelnen Merkmale des Gewerbes (zur Wiederholung: nach außen erkennbare planmäßige selbständige und entgeltliche Tätigkeit, die nicht zu den freien Berufen gehört) brauchen in einer Klausur **regelmäßig NICHT alle einzeln geprüft** zu werden. Bestehen am Gewerbe keine Zweifel, genügt ein feststellender Satz. Ist ein Merkmal problematisch, sollte nur dieses erörtert werden.

2. Der Begriff des Betreibens

Aus § 1 I HGB ergibt sich, dass nur Kaufmann ist, wer das Gewerbe **betreibt**. Darunter ist derjenige zu verstehen,
- **in dessen Namen** die Geschäfte abgeschlossen werden und
- der aus ihnen **berechtigt und verpflichtet** wird.

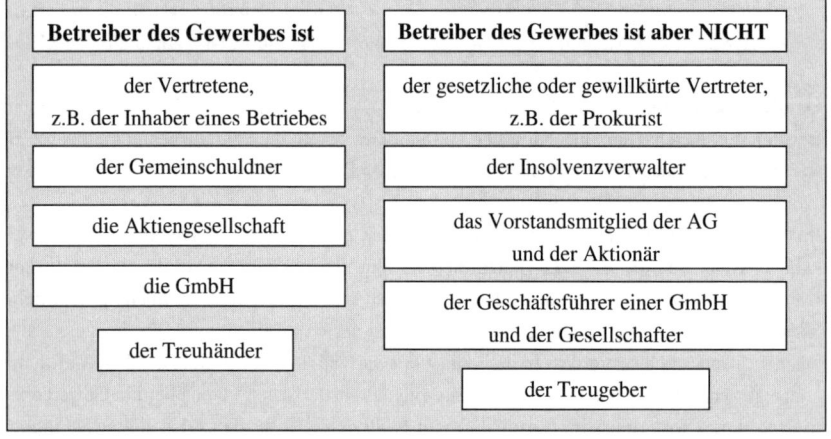

Betreiber des Gewerbes ist	Betreiber des Gewerbes ist aber NICHT
der Vertretene, z.B. der Inhaber eines Betriebes	der gesetzliche oder gewillkürte Vertreter, z.B. der Prokurist
der Gemeinschuldner	der Insolvenzverwalter
die Aktiengesellschaft	das Vorstandsmitglied der AG und der Aktionär
die GmbH	der Geschäftsführer einer GmbH und der Gesellschafter
der Treuhänder	der Treugeber

Bsp. 1: Der Inhaber einer Spedition I will mit den Geschäften nichts mehr zu tun haben. Er bestellt daher einen Prokuristen P (vgl. § 48 HGB) zur selbstverantwortlichen Leitung des Betriebes. – Inhaber I bleibt selbst Kaufmann, da er aus den Geschäften berechtigt und verpflichtet wird.

Bsp. 2: Der Kommissionär K kauft und verkauft Waren für Rechnung des A (vgl. § 383 HGB). – K selbst ist Kaufmann, da er im eigenen Namen handelt. Für wessen Rechnung er das tut, ist unerheblich, wichtig ist nur, dass er selbst verpflichtet wird.

Um es noch einmal anders zu fassen: Es betreibt derjenige das Handelsgewerbe, **in dessen Person** die handelsrechtlichen Rechtsfolgen eintreten. Das war in den vorangegangenen Beispielen immer eindeutig.

Komplizierter liegt es bei den **Personenhandelsgesellschaften**, z. B. der oHG und KG. Sie sind zwar keine juristischen Personen, jedoch durch §§ 124 I, 161 II HGB rechtlich verselbständigt. Die **oHG und KG selbst betreiben daher ein Gewerbe**. Insofern liegt es nicht anders als bei Kapitalgesellschaften.

Bei den **Gesellschaftern** der Personenhandelsgesellschaften ist dies **streitig**. Geht man von einer Teilrechtsfähigkeit der KG und oHG aus, betreibt nur die Personengesellschaft das Gewerbe, nicht ihre Organe. Dann sollte man aber immer die analoge Anwendung handelsrechtlicher Vorschriften auf die Gesellschafter erwägen. Sieht man die Personengesellschaften trotz des § 124 HGB nicht als Rechtssubjekt an, kann man mit der h.M. gut vertreten, dass jedenfalls die **persönlich haftenden Gesellschafter** das Gewerbe ebenso **betreiben**.

Keine Kaufleute sind aber unstreitig Kommanditisten, die gemäß § 171 I HGB für die Verbindlichkeiten der KG nur beschränkt haften.

Fall: Student S ist persönlich haftender Gesellschafter der S-oHG. Er verbürgt sich mündlich gegenüber der Hausbank der Gesellschaft für eine Darlehensschuld der S-oHG. Ist der Bürgschaftsvertrag wirksam?

Nach den Vorschriften des BGB bedarf die Bürgschaftserklärung der Schriftform, § 766 S. 1 BGB. Ist das Versprechen für den Bürgen – also für S – jedoch ein Handelsgeschäft (§ 343 HGB), gilt gemäß § 350 HGB Formfreiheit.

1. Die Verbürgung des S für eine Schuld der Gesellschaft ist ein Geschäft i.S.v. § 343 HGB. Es ist auch betriebszugehörig, denn es ist dem **kaufmännischen Bereich** statt der **privaten Sphäre** des S zuzurechnen.

2. S muss aber auch Kaufmann sein, also die S-oHG selbst betreiben. Im „Normalfall" einer *juristischen* Person, z. B. einer GmbH, ist nur diese selbst Betreiber des Gewerbes; im entgegengesetzten „Normalfall" eines Einzelkaufmanns betreibt nur dieser selbst das Gewerbe. Die Handelsgesellschaften liegen dazwischen:
Betont man stärker die Teilrechtsfähigkeit der oHG, betreibt nur die S-oHG das Gewerbe. S selbst hingegen wäre kein Kaufmann. Diese Sichtweise legt der Wortlaut von §§ 1, 124 HGB nahe.
Jedoch haftet S für die Verbindlichkeiten der S-oHG persönlich. (Das steht hier schon im Sachverhalt, vgl. aber auch § 128 HGB.) Auch wenn die oHG gemäß § 124 I HGB rechtlich verselbständigt ist, treffen im Ergebnis dadurch ihn selbst die Wirkungen der Geschäfte der Gesellschaft. Deswegen kann S hier als Betreiber des Gewerbes angesehen werden.

3. Dennoch kann man zweifeln, ob S sich in seiner Funktion als Betreiber der oHG oder als Privatmann verbürgen wollte. Letzteres liegt hier näher, weil S nicht als gesetzlicher Vertreter der Gesellschaft, sondern im eigenen Namen handelte und eine eigene Schuld begründen wollte. Damit handelt es sich beim Bürgschaftsvertrag nicht um ein Handelsgeschäft des S, so dass eine mündliche Verbürgung nicht gemäß § 350 HGB wirksam ist.

Hinweis: Nach der Rechtsprechungsänderung des BGH aus dem Jahr 2001 ist auch die Außen-GbR rechtsfähig. Da auch deren Gesellschafter persönlich haften (und zwar nach inzwischen überwiegender Auffassung wie die oHG-Gesellschafter akzessorisch nach § 128 HGB analog – der BGH operiert ohne § 128 HGB mit der Natur der Personengesellschaft), wird bei der GbR wie bei Personenhandelsgesellschaften abzugrenzen sein.

3. Das Handelsgewerbe

a. Der Ist-Kaufmann gemäß § 1 HGB: Handelsgewerbe kraft Erforderlichkeit

Der Betrieb eines einfachen Gewerbes reicht nicht aus, um die Kaufmannseigenschaft zu begründen. Vielmehr bedarf es des Betriebs eines *Handels*gewerbes. In **§ 1 II HGB** findet sich eine **gesetzliche Vermutung**, dass jeder Gewerbebetrieb ein Handelsgewerbe ist.

Das freut die Klausurenschreiber, denn auch sie können, wenn sich **keine besonderen Angaben** im Sachverhalt finden, automatisch davon ausgehen, dass ein betriebenes Gewerbe gleichzeitig Handelsgewerbe ist:

MERKE:

> **Gewerbebetrieb → Vermutung der Kaufmannseigenschaft**

Diesen gesetzlichen Zusammenhang zu übersehen wäre umgekehrt ein Kardinalfehler.

Aufgrund der Vermutungswirkung nennt man den Kaufmann nach § 1 I und II HGB „**Ist-Kaufmann**".

Die Vermutung des § 1 II HGB für das Handelsgewerbe ist **widerleglich** („es sei denn"). Ein Handelsgewerbe **liegt** nämlich **nicht vor**, wenn der **Betrieb sowohl** nach **Art als auch** nach **Umfang** einen **kaufmännischen Geschäftsbetrieb nicht erfordert**.

Zum in kaufmännischer Weise eingerichteten Geschäftsbetrieb zählt alles, was ein Kaufmann für seine **ordentliche Geschäftsführung** braucht, z. B.

- kaufmännische **Buchführung,**
- Bilanzerstellung,
- Aufbewahrung von Belegen und der Geschäftskorrespondenz und
- Inventur.

  Gesamtbild entscheidet

Es gibt verschiedene **Kriterien**, nach denen man entscheiden kann, ob ein kaufmännischer Geschäftsbetrieb erforderlich ist oder nicht. Je komplizierter und umfangreicher die Geschäfte, desto eher sind kaufmännische Einrichtungen nötig. Zu unterscheiden ist aber nach Art und Umfang des Betriebes:

Art des Betriebes	Umfang des Betriebes
• Vielfalt der Leistungen • Komplexität der Geschäftsvorgänge • Kredit- oder Teilzahlungen • Wechsel- und Scheckverkehr	• Höhe von Kapital und Umsatz • Mitarbeiterzahl • Anzahl der Betriebsstätten

Beispiel: Die Mensa der Universität in B macht einen jährlichen Umsatz von 230.000 Euro. Sie beschäftigt nur drei Angestellte, weil die Mahlzeiten fertig bei einer Großküche eingekauft werden. Das Essen wird nur aufgewärmt. Die Großküche erhält ihr Geld einmal im Monat in bar. – Zwar ist der getätigte Umsatz der Mensa nicht unerheblich und deswegen nach Umfang des Betriebes ein kaufmännischer eingerichteter Geschäftsbetrieb erforderlich. Allerdings muss auch die Art des Betriebes einen solchen erfordern. Die Betriebsführung ist in Anbetracht von nur einem Zulieferer einfach. Er wird nur bar bezahlt. Auch der Verkauf der Essen erfolgt nur gegen Barzahlung. Deshalb reicht eine einfache Gewinn- und Verlustrechnung aus, um einen Überblick über die Finanzlage der Mensa zu behalten. Eine umfassende Lohnbuchhaltung ist bei drei Angestellten auch nicht geboten. Die Gesamtwürdigung aller Umstände ergibt daher, dass die Art des Betriebes einen kaufmännisch eingerichteten Geschäftsbetrieb nicht erfordert. An einem Handelsgewerbe fehlt es daher.

> Wenn der Sachverhalt Informationen zur Art der Geschäfte, zur Buchhaltung oder Mitarbeitern enthält, sind diese einzeln auszuwerten. Für die abschließende **Gesamtbewertung** kann man sich die Kontrollfrage stellen, ob der Betrieb eine kaufmännische **Buchhaltung** erfordert.

Bsp.: Die Edel-Kantine K macht einen jährlichen Umsatz von 1 Mio. Euro. Sie bezieht Lebensmittel von verschiedenen Großhändlern. Die Abrechnung erfolgt zu individuell ausgehandelten Bedingungen 30 bis 40 Tage später. Um den Überblick nicht zu verlieren, hat der Geschäftsführer neben den 15 Küchenkräften auch einen Buchhalter eingestellt. Zur Kantine gehört auch ein Party-Service. Stammkunden können in Raten zahlen.
Der Umfang des Betriebes ist angesichts des Umsatzes und der Anzahl der Mitarbeiter groß. Die verschiedenen Liefer- und Leistungsbeziehungen sind komplex, zumal sie zeitlich versetzt erfolgen. Dass sogar eine kaufmännische Buchhaltung nötig ist, zeigt die Einstellung eines Buchhalters. Deshalb erfordert auch die Art des Betriebes einen kaufmännischen Geschäftsbetrieb. Ein Handelsgewerbe liegt damit vor.

b. Der Kann-Kaufmann gemäß § 2 HGB: Handelsgewerbe kraft Eintragung

Wird ein Gewerbe betrieben, das die Voraussetzung des Handelsgewerbes nach § 1 II HGB nicht erfüllt, ist **§ 2 S. 1 HGB** zu beachten: Danach **gilt** ein Gewerbebetrieb als Handelsgewerbe, wenn die Firma des Unternehmens im **Handelsregister eingetragen** ist. Kraft Eintragung liegt dann die Kaufmannseigenschaft vor.

Bsp.: Student S betreibt einen kleinen Getränkeverkauf "S-Getränke" vor der Uni. Er hat seine Firma "S-Getränke" im Handelsregister eintragen lassen. – S betreibt mit S-Getränke ein Gewerbe. Ein kaufmännischer Geschäftsbetrieb ist aber nach Art und Umfang der Geschäfte nicht erforderlich, § 1 II HGB. Jedoch hat S seine Firma "S-Getränke" ins Handelsregister eintragen lassen. S gilt daher nach § 2 S.1 HGB als Kaufmann i.S. des Gesetzes.

Der **Kleingewerbetreibende** i.S.v. § 2 HGB wird erst mit der Eintragung ins Handelsregister Kaufmann. Die Eintragung wirkt **konstitutiv.**

Die **Eintragung der Firma des** „**Ist-Kaufmanns**", zu der dieser nach § 29 HGB verpflichtet ist, wirkt dagegen nur **deklaratorisch,** Kaufmann wird er ex lege (kraft Gesetzes).

Der Kleingewerbetreibende (= Kann-Kaufmann) hat nach § 2 S. 3 HGB die Möglichkeit, sich von seiner Kaufmannseigenschaft wieder zu befreien, indem er sich aus dem Handelsregister austragen lässt (= Kann-Kaufmann mit „**Rückfahrkarte**"). Das geht freilich nur solange, wie er nicht schon nach § 1 II HGB in der Zwischenzeit Kaufmann kraft Betrieb eines Handelsgewerbes geworden ist. Dann wäre er nämlich bereits „Ist-Kaufmann" geworden.

Bsp.: Kleingewerbetreibender S lässt seine Firma ins Handelsregister eintragen. Später empfindet er die strengen kaufmännischen Vorschriften als lästig. – S kann seine Löschung aus dem Handelsregister beantragen, § 2 S. 3, Hs. 1 HGB. Im Löschungsverfahren wird jedoch geprüft, ob nicht sein Gewerbe inzwischen kaufmännische Einrichtungen erfordert, § 2 S. 3, Hs. 2 HGB, und er damit gemäß § 1 II HGB Ist-Kaufmann ist.

c. Land- und forstwirtschaftlicher Kann-Kaufmann, § 3 II HGB

Land- und Forstwirte sind **grundsätzlich keine Kaufleute,** selbst wenn die Voraussetzungen des § 1 II HGB vorliegen. Das steht in § 3 I HGB. Dadurch unterscheiden sie sich von einfachen Kann-Kaufleuten.

Aber auch diese Unternehmen können **durch Eintragung** ins Handelsregister Kaufmann werden. Voraussetzung ist gemäß § 3 II HGB hier, dass nach Art und Umfang ein in kaufmännischer Weise eingerichteter **Gewerbebetrieb erforderlich** ist. Anders als ein Kleingewerbetreibender können Forst- und Landwirte somit nicht „ohne Weiteres" Kaufmann werden. Das gilt übrigens gemäß § 3 III HGB auch für entsprechende Nebenbetriebe (z. B. Molkereien).

Hier gibt es deshalb auch **keine „Rückfahrkarte".** Einmal ins Handelsregister eingetragen, erfolgt die **Löschung nur nach allgemeinen Vorschriften,** § 3 II aE HGB. Der Land- oder Forstbetrieb musste aber, um überhaupt eintragungsfähig zu sein, einen kaufmännisch eingerichteten Gewerbebetrieb erfordern. Die Kaufmannseigenschaft kann deshalb nach der Eintragung ins Handelsregister nur dann beseitigt werden, wenn der Betrieb nunmehr keine kaufmännischen Einrichtungen mehr erfordert, also kleiner oder weniger komplex geworden ist.

16

4. Wiederholung

a. Überblick

Wir haben bisher gesehen, dass es drei verschiedene Arten von Kaufleuten kraft Gewerbebetriebs gibt. Sie alle müssen ein **Gewerbe** betreiben. Hinzu kommen dann jeweils weitere spezifische Voraussetzungen, die man – wie immer – dem Gesetz entnehmen kann.

b. Wiederholungsfragen

1 Warum ist der Kaufmannsbegriff für das Handelsrecht so wichtig?

Das HGB folgt einem subjektiven System. Handelsrechtliche Vorschriften können daher grundsätzlich nur Anwendung finden, wenn mindestens eine Vertragspartei Kaufmann ist. Deshalb ist der Kaufmann Dreh- und Angelpunkt des HGB.

2 Es gibt drei verschiedene Grundtypen von Kaufleuten. Welche?

- kraft Gewerbebetriebs
- kraft Rechtsform
- kraft Rechtsscheins

3 Der Begriff des Gewerbes ist deshalb so wichtig, weil es viele Kaufleute kraft Gewerbebetriebs gibt. Welche?

- „Ist-Kaufmann" gemäß § 1 HGB
- „Kann-Kaufmann" (Kleingewerbetreibende sowie Land- und Forstwirte)

4 Betreibt ein Arbeitnehmer ein Gewerbe?

Nein. Nur selbständige Tätigkeiten können gewerblich sein. Das ist bei weisungsgebundenen Arbeitnehmern nicht der Fall.

5 Ist ein Rechtsanwalt Gewerbetreibender?

Nein. Gemäß § 2 BRAO üben Rechtsanwälte einen freien Beruf aus und betreiben kein Gewerbe.

6 Kann die oHG ein Gewerbe betreiben?

Ja, denn gemäß § 124 I HGB wird die oHG persönlich berechtigt und verpflichtet.

7 Unter welcher Voraussetzung ist ein Gewerbetreibender ohne Eintragung ins Handelsregister Kaufmann?

Er ist Kaufmann, wenn sein Gewerbe ein Handelsgewerbe ist, § 1 II HGB. Das ist der Fall, wenn ein in kaufmännischer Weise eingerichteter Betrieb erforderlich ist. Die Eintragung ins Handelsregister gemäß § 29 HGB hat dann nur deklaratorischen Charakter.

8 Nach welchen Kriterien kann man bestimmen, ob nach der Art des Betriebes kaufmännische Einrichtungen erforderlich sind?

- Vielfalt der Geschäftsbeziehungen
- Komplexität der Geschäftsvorfälle
- Teil- und Ratenzahlungen, Kredite
- Teilnahme Scheck- und Wechselverkehr

9 Bei welchen Kaufleuten kraft Gewerbebetriebs ist deren Eintragung ins Handelsregister konstitutiv?

Bei den Kleingewerbetreibenden sowie Forst- und Landwirten entsteht die Kaufmannseigenschaft erst kraft Eintragung.

10 Verliert ein im Handelsregister eingetragener Landwirt seine Kaufmannseigenschaft, wenn er zu Unrecht aus dem Register gelöscht wird?

Ja, denn dessen Eintragung wirkt konstitutiv. Ohne sie kann der Landwirt kein Kaufmann sein. Gemäß § 3 I HGB findet § 1 HGB gerade keine Anwendung.

II. Der Kaufmann kraft Rechtsform nach § 6 II HGB

Bislang war immer der Betrieb eines Handelsgewerbes Voraussetzung für die Kaufmannseigenschaft. Infolge **§ 6 HGB** gibt es noch eine weitere Möglichkeit, Kaufmann zu sein.

§ 6 II HGB spricht von „Vereinen" und meint **juristische Personen und Kapitalgesellschaften**, die in anderen Gesetzen als Kaufleute bzw., i.V.m. § 6 I HGB, als Handelsgesellschaften bezeichnet sind und daher sogenannte **Formkaufleute** sind. Bei ihnen braucht man das Betreiben eines Handelsgewerbes gemäß § 1 II HGB nicht zu prüfen; über den Wortlaut des § 6 II HGB hinaus ist sogar ein Gewerbe entbehrlich.

Kaufleute **kraft Gesetzes** sind insbesondere:

- die **GmbH** (§ 6 II, I HGB i.V.m. § 13 III GmbHG)
- die **Aktiengesellschaft** (§ 6 II, I HGB i.V.m. § 3 I AktG)
- die **eingetragene Genossenschaft** (§ 6 II, I HGB i.V.m. § 17 II GenG)

Bsp. 1: Die S-eG ist ausschließlich unentgeltlich tätig. Auch wenn sie kein Gewerbe i.S.v. § 1 I HGB betreibt, gilt sie als Formkaufmann gemäß § 6 II, I HGB i.V.m. § 17 II GenG, so dass ihr Betrieb als Handelsgewerbe angesehen wird.

Bsp. 2: Die S-GmbH ist eine Steuerberatungsgesellschaft. Auch wenn ihre Tätigkeit zu den freien Berufen gehört und damit kein Gewerbe vorliegt, ist sie Kaufmann kraft Rechtsform gemäß § 6 II, I HGB i.V.m. § 13 III GmbHG.

Die Formkaufmannseigenschaft setzt die **Eintragung** ins Handelsregister voraus (vgl. § 41 I 1 AktG, § 11 I GmbHG).

Bsp: Die noch nicht im Handelsregister eingetragene S-GmbH ist bereits geschäftlich tätig. Kraft Rechtsform ist sie allerdings noch kein Kaufmann, sondern nur, wenn sie bereits ein Handelsgewerbe gemäß § 1 I 1 und II HGB betreibt. In Betracht kommt jedoch immer ein entsprechender Rechtsscheinstatbestand.

Zum Verständnis und Verhältnis von § 6 I und § 6 II HGB: Welche Rolle spielt § 6 I HGB? Diese Vorschrift (lesen!) bestimmt, dass Handelsgesellschaften sich wie Kaufleute behandeln lassen müssen. In §§ 13 III GmbHG, 3 I AktG u.s.w. steht jeweils, dass diese Gesellschaften Handelsgesellschaften sind; folglich gelten für sie nach § 6 I HGB die Kaufmannsvorschriften. In § 6 II HGB steht schließlich, dass deren Kaufmannseigenschaft von § 1 II HGB unabhängig gilt.

III. Die Fiktion des § 5 HGB

Ist ein Gewerbetreibender **mit seiner Firma** – das heißt mit seinem kaufmännischen Namen (vgl. § 17 I HGB) – erst einmal im Handelsregister **eingetragen**, so kann nicht geltend gemacht werden, dass ein Handelsgewerbe in Wirklichkeit gar nicht vorliege. Diese Norm enthält daher eine **Fiktion** der Kaufmannseigenschaft. Im Interesse der Rechtssicherheit soll Streit über das Erfordernis eines kaufmännischen Geschäftsbetriebs vermieden werden. Relevant sind zwei Fälle:

- **Irrtümliche Eintragung i.S.v. § 29 HGB:** Die Firma ist ins Handelsregister eingetragen worden, **obwohl** gar kein in kaufmännischer Weise eingerichteter Gewerbebetrieb i.S.v. § 1 I, II HGB erforderlich war.

- **Herabsinken zum Kleingewerbe:** Zwar war ursprünglich ein in kaufmännischer Weise eingerichteter Gewerbebetrieb erforderlich, **nachträglich** aber nicht mehr.

Die **Tatbestandsvoraussetzungen** von § 5 HGB sind:

- **Eintragung der Firma in das Handelsregister**
- **Betrieb eines Gewerbes**.

Bei § 5 HGB handelt es nicht um eine Rechtsscheinsvorschrift, sondern um eine **gesetzliche Fiktion**. Sind die Voraussetzungen der Vorschrift erfüllt, wird der Eingetragene als Kaufmann behandelt. Auf Gut- oder Bösgläubigkeit der Beteiligten oder Kausalität der Eintragung kommt es nicht an. § 5 HGB wirkt auch zugunsten des Eingetragenen (vgl. im Gegensatz dazu die Rechtsscheinhaftung, S. 25 ff.).

§ 5 HGB gilt jedoch **nur im privatrechtlichen Rechtsverkehr**, nicht aber im öffentlichen Recht und nicht für deliktisches Handeln.

IV. Der Kaufmann kraft Rechtsscheins

Schon aus den das Handelsrecht beherrschenden Grundsätzen (wir erinnern uns: Schnelligkeit, Vertrauensschutz) ergibt sich, dass unter Umständen auch solche Personen als Kaufleute behandelt werden müssen, die es in Wirklichkeit gar nicht sind. Hier greifen **allgemeine Rechtsscheinsgrundsätze** ein:

> Derjenige, der im Rechtsverkehr als Kaufmann auftritt,
> muss sich gegenüber Dritten, soweit diese gutgläubig sind,
> auch als solcher behandeln lassen.

Darauf wird aber erst im Zusammenhang mit dem **Handelsregister** einzugehen sein, wenn wir die Vertrauenshaftung im Handelsrecht behandeln (vgl. S. 23 ff.).

V. Übungsfall

Fall 1

B vermietet Beleuchtungs- und Musikanlagen im gesamten süddeutschen Raum. Um diese Installationen für Konzerte zu liefern, auf- und abzubauen, beschäftigt er einen ständigen Mitarbeiter sowie Hilfskräfte und Auszubildende, außerdem hat er einen großen Lkw ge-least. Der Betrieb des B logiert in einem angemieteten ehemaligem Kuhstall. Darin befinden sich das Lager und ein Arbeitszimmer. Jährlich erreicht B Umsätze von 500.000 Euro, die im wesentlichen aus einer handvoll jährlicher kurzfristiger Großaufträge stammen. Die K-GmbH vereinbart mit B vor Abwicklung eines solchen Großauftrags, dass Leipzig Gerichtsstand sei. Ist diese Vereinbarung wirksam? (OLG Dresden NJW-RR 2002, 33f.)

Lösungsvorschlag

Eine Gerichtsstandsvereinbarung kann gemäß § 38 I, Fall 1 ZPO von Kaufleuten getroffen werden.

1. Die K-GmbH ist Kaufmann kraft Rechtsform gemäß §§ 6 II, I HGB, 13 III GmbHG.
2. B könnte nach § 1 I HGB auch Kaufmann sein, wenn er ein Handelsgewerbe betriebe.
   a. Das Vermieten von Beleuchtungs- und Musikanlagen ist eine planmäßige, entgeltliche und vor allem selbständige Tätigkeit am Markt. Es ist daher ein Gewerbe.
   b. B ist dessen Betreiber.
   c. Fraglich ist, ob es sich um ein *Handels*gewerbe handelt. Das ist nach § 1 II HGB grundsätzlich der Fall, außer wenn das Gewerbe einen in kaufmännischer Weise eingerichteten Geschäftsbetrieb nach Art oder Umfang nicht erfordert.

   *Hinweis: Sie sehen hier, dass Sie nicht immer einfach auf die Vermutung des § 1 II HGB abstellen können. Der Sachverhalt – den Sie als wahr hinnehmen müssen – fordert Sie dazu auf zu prüfen, ob die Vermutung widerlegt werden kann. Im Prozess muss freilich derjenige den Beweis antreten, der die Kaufmannseigenschaft **verneint**, hier also B.*

      aa. Hinsichtlich des **Umfang des Geschäftsbetriebs** sprechen die räumliche Ausdehnung seiner Tätigkeit im gesamten süddeutschen Raum und das nicht unerhebliche Umsatzvolumen für die Notwendigkeit kaufmännischer Einrichtungen. Dagegen spricht die geringe Zahl der festangestellten Mitarbeiter. Dass B nur einen einzigen Büroraum nutzt, ist dagegen wenig aussagekräftig, da durch moderne Informationstechnologie auch auf geringem Raum komplexe Verwaltungstätigkeit bewältigt werden kann.
      bb. Hinsichtlich der **Art der Geschäfte** wird zu berücksichtigen sein, dass B Geschäftsräume mietet, einen Lkw least und auch Großaufträge abwickelt. Dies alles spricht für eher komplizierte Operationen, die einigen Überblick erfordern. Auch die Tatsache, dass Auszubildende beschäftigt werden, spricht eher für die Notwendigkeit kaufmännischer Einrichtungen.
      cc. Entscheidend ist jedoch eine **Gesamtbetrachtung**. Beachtet man dabei, dass B auch kurzfristig Großaufträge abwickeln kann, so wird klar, dass kaufmännische Einrichtungen als solche bereits bestehen müssen, damit er zeitnah reagieren kann. Insofern lassen auch die Umsatzzahlen nicht das gesamte Potential des Betriebs erkennen. Aus einer Gesamtwürdigung des gewöhnlichen Geschäftsablaufs des B ergibt sich deshalb, dass er auf kaufmännische Einrichtungen angewiesen ist.
      dd. Er betreibt daher ein Handelsgewerbe; die Vermutung aus § 1 II ist nicht widerlegt.
   d. B ist damit Kaufmann gemäß § 1 HGB.
3. Die Gerichtsstandsvereinbarung ist wirksam.

V. Wiederholung
1. Überblick

Fassen wir noch einmal die Konzeption des Kaufmannsbegriffs des Handelsrechts zusammen: Drei große Kategorien sind zu unterscheiden: Es gibt solche, die **aufgrund ihrer Tätigkeit** Kaufmann sind, namentlich gemäß §§ 1 ff. HGB. Andere wiederum sind es **kraft Rechtsform**, also unabhängig von ihrem Tun, § 6 HGB. Hinzu kommen endlich noch der Kaufmann kraft **Rechtsscheins** und die Streitvermeidungsfiktion des § 5 HGB. Damit ist das Bild komplett, der Grundstein gelegt.

2. Wiederholungsfragen

1. Wie ist ein Gewerbe definiert?

   Ein Gewerbe ist eine selbständige, planmäßige, entgeltliche Tätigkeit, die nicht den freien Berufen zuzuordnen ist.

2. Mit welcher Norm kann man Arbeitnehmer von Selbständigen abgrenzen, ohne Definitionen auswendig lernen zu müssen?

   § 84 I 2 HGB.

3. Betreibt der Minderjährige oder sein gesetzlicher Vertreter das Handelsgewerbe?

   Der Minderjährige selbst als Vertretener betreibt das Handelsgewerbe.

4. Ist jeder Gewerbebetrieb gleichzeitig ein Handelsgewerbe?

   Nein. Nach § 1 II HGB wird aber (widerlegbar) vermutet, dass jeder Gewerbebetrieb ein Handelsgewerbe ist.

5. Wann muss in einer Klausur auf das *Handels*gewerbe näher eingegangen werden?

   Nur dann, wenn sich im Sachverhalt Anzeichen finden, die die Vermutung des § 1 II HGB für das *Handels*gewerbe erschüttern.

6. Sind einzelne Kriterien, nach denen die Notwendigkeit kaufmännischer Einrichtungen bestimmt wird, besonders wichtig?

   Nein, in ständiger Rechtsprechung wird auf eine Gesamtbetrachtung abgestellt.

7. Muss eine ins Handelsregister eingetragene GmbH ein Gewerbe betreiben, um Kaufmann zu sein.

   Nein. Sie ist gemäß § 6 II HGB i.V.m. § 13 III GmbHG sogenannter Formkaufmann, also Kaufmann kraft Rechtsform.

8. Sind oHG und KG in den Fällen der §§ 105 I bzw. 161 I HGB Kaufmann kraft Rechtsform?

   Nein, sie sind Kaufmann kraft Betreibens eines Handelsgewerbes gemäß § 6 I i.V.m. §§ 1f. HGB. Liegt kein Gewerbe vor, fehlt es auch an der Kaufmannseigenschaft. Deswegen bezeichnen wir sie hier auch nicht als Formkaufleute. § 6 I HGB hat insoweit nur klarstellende Funktion. Auch ohne diese Vorschrift wären §§ 1f. HGB anzuwenden gewesen.

9. In welchen beiden Fällen greift die Fiktion des § 5 HGB ein?

1. Wenn die Firma in der irrigen Annahme eingetragen wurde, dass ein in kaufmännischer Weise eingerichteter Geschäftsbetrieb erforderlich sei.

2. Wenn diese Annahme zwar ursprünglich richtig wahr, aber nachträglich nicht mehr der Realität entsprach.

10. Ist der Scheinkaufmann ein Kaufmann im eigentlichen Sinne?

Nein, er wird lediglich nach Rechtsscheinsgesichtspunkten wie ein Kaufmann behandelt.

2. KAPITEL
DAS HANDELSREGISTER

Der Kaufmannsbegriff ist für das Handelsrecht von zentraler Bedeutung, spielt aber in einer Klausur häufig nur eine Nebenrolle. Ganz anders das Handelsregister – es ist nicht nur von elementarer Bedeutung für das Handelsrecht, sondern ebenso von **außerordentlicher Klausurrelevanz.**

Das Handelsregister ist ein öffentliches Verzeichnis, das im Handelsverkehr wichtige **Rechtsverhältnisse** der Kaufleute **offenbaren** soll. Es besteht aus zwei Abteilungen. In Abteilung A werden Einzelkaufleute, offene Handelsgesellschaften und Kommanditgesellschaften, in Abteilung B die Kapitalgesellschaften eingetragen. Das Register wird von den Amtsgerichten geführt. Es ist frei zugänglich (vgl. auch § 9 I HGB, www.handelsregister.de).

I. Eintragungsverfahren

1. Grundsätzlich setzt die Eintragung einen entsprechenden **Antrag** voraus, und zwar elektronisch in **öffentlich beglaubigter** Form, § 12 I 1 HGB. Privatschriftliche Anmeldungen sind unzulässig.

Merke:

> Zuständig ist nach § 129 I 1 BGB der
> ## NOTAR.
> Er fertigt in der Regel zur Beglaubigung der Unterschrift des Anmeldenden zunächst ein einfaches Zeugnis nach § 39 BeurkG in Papierform. Danach erstellt er nach § 39a BeurkG eine elektronisch beglaubigte Abschrift und übermittelt die Daten an das Handelsregister.

Von Amts wegen werden nur wenige Ausnahmetatbestände im Handelsregister vermerkt, so z. B. die Eröffnung eines Insolvenzverfahrens gemäß § 32 I 1 HGB.

2. Lässt der zur Anmeldung Verpflichtete etwas nicht eintragen, kann das Registergericht dies nicht von Amts wegen selbst vornehmen, sondern setzt ein **Zwangsgeld** fest, um den Pflichtigen zur Anmeldung zu bewegen. So auch in unserem

> *Bsp.: Unterlässt der Kaufmann K, die P erteilte Prokura zur Eintragung in das Register gemäß § 53 I 1 HGB anzumelden, kann das Gericht ihn durch Verhängung eines Zwangsgeldes gemäß § 14 S. 1 HGB, §§ 132 ff. FGG zur Anmeldung anhalten.*

3. Verletzt das Registergericht seinerseits eine ihm gegenüber Dritten obliegende Amtspflicht, haftet es diesem gemäß **§ 839 I BGB** in Verbindung mit **Art. 34 GG.** Das Spruchrichterprivileg nach § 839 II BGB gilt für seine Tätigkeit auf dem Gebiet der Freiwilligen Gerichtsbarkeit nicht.

II. Die Publizitätswirkungen des Handelsregisters

Das Handelsregister hat enorme praktische und Klausur- Bedeutung aufgrund seiner Publizitätswirkungen. Dreh- und Angelpunkt ist § 15 HGB, dessen verschiedene Absätze jeweils eigenständige Bedeutung haben. Beim Umfang des öffentlichen Glaubens ist streng zwischen der Wirkung der Bekanntmachung einer Eintragung (**positive Publizität**, § 15 III HGB) und der Wirkung des Fehlens einer solchen (**negative Publizität**, § 15 I HGB) zu trennen.

> Lesen Sie § 15 HGB und machen Sie sich den **grundlegenden Unterschied** zwischen dessen Absatz 1 und 3 – zwischen negativer und positiver Publizität – klar. Im ersten Fall darf man nur auf das „**Schweigen**" des Registers vertrauen, im zweiten, wie beim Grundbuch, auch auf dessen „**Reden**".

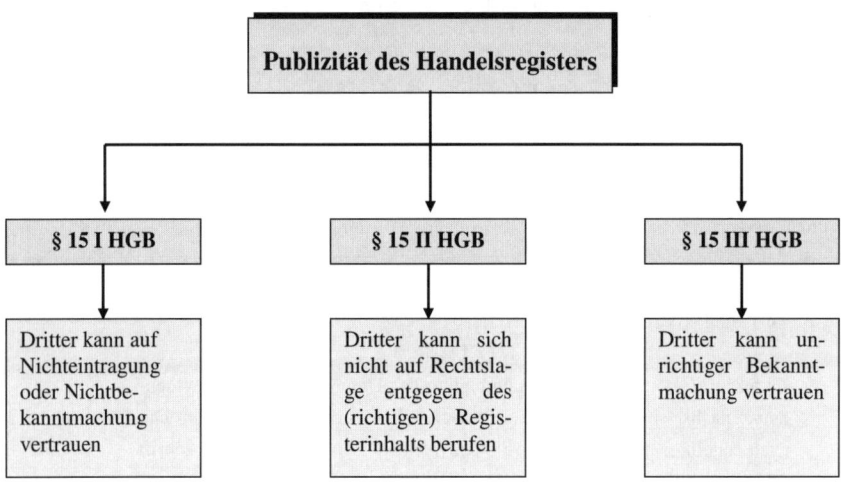

1. Schutz Dritter bei Nichteintragung einzutragender Tatsachen, § 15 I HGB

Solange eine einzutragende Tatsache nicht im Handelsregister vermerkt und bekanntgegeben ist, kann der gutgläubige Dritte gemäß § 15 I HGB darauf vertrauen, dass eine Veränderung der Sachlage nicht eingetreten ist. § 15 I HGB schützt das Vertrauen auf das **Schweigen** des Handelsregisters, und *nicht auf dessen Reden*. Sieht man genau hin, zeigen sich zwei Schutzrichtungen. **Erstens** geht es um den Schutz des Vertrauens auf den Fortbestand einer **bisherigen Rechtslage**.

> *Bsp.: Der Widerruf der Prokura des P wird nicht eingetragen und bekannt gemacht. Das Handelsregister schweigt daher hinsichtlich des Erlöschens der Vertretungsmacht, so dass K Rechtsgeschäfte seines bisherigen Prokuristen weiterhin gegen sich gelten lassen muss, und zwar gemäß § 15 I HGB.*

24

Zweitens geht es um den Schutz des Vertrauens auf das Bestehen der **gesetzlichen Normallage.**

Bsp.: A, B und C gründen die ABC-oHG. Die Gesellschafter vereinbaren, dass abweichend von § 125 I HGB C nicht zur Vertretung der oHG berechtigt sein soll. – Wird dies entgegen § 106 II Nr. 4 HGB nicht im Register vermerkt und bekannt gegeben, so werden Dritte in ihrem Vertrauen auf die gesetzliche Normallage, namentlich auf Einzelvertretungsbefugnis aller Gesellschafter, geschützt.

a. Die Voraussetzungen von § 15 I HGB im Einzelnen:

Überblick:

- wahre eintragungspflichtige Tatsache
- keine Eintragung oder Bekanntmachung
- guter Glaube des Dritten (keine positive Kenntnis + abstraktes Vertrauen)
- Geschäftsverkehr

aa. Vorliegen muss eine **eintragungspflichtige (wahre !) Tatsache**. Die Anmeldepflicht ist – von wenigen Ausnahmen abgesehen – jeweils gesetzlich bestimmt, zum Beispiel

- in §§ 29 und 31 HGB die Firma (handelsrechtlicher Name des Kaufmanns) betreffend,
- in § 53 HGB für die Prokura
- in §§ 106 und 107 HGB betreffend die oHG,
- in §§ 36 ff. AktG und
- in §§ 7 ff. GmbHG.

bb. Es muss an der Eintragung *oder* Bekanntmachung der Tatsache fehlen. Bekanntzumachen hat das Registergericht nach § 10 S. 1 HGB in dem jeweils bestimmten elektronischen Informations- und Kommunikationssystem.

cc. Umstritten ist, ob eine Eintragungspflicht auch dann besteht, wenn es bereits an der **Voreintragung** der Tatsache fehlt, die beseitigt werden soll. Den Klassiker beschreibt das folgende

Bsp.: K widerruft die dem P vor vier Jahren erteilte Prokura. P bestellt dennoch im Namen des K beim gutgläubigen D Waren, die K jetzt nicht bezahlen will. Weder einst die Erteilung noch das Erlöschen der Prokura des P sind im Handelsregister eingetragen worden.

Bei § 15 I HGB handelt es sich um eine Ausprägung der **Rechtsscheinhaftung**. Die Vorschrift wäre demnach hier nicht anwendbar, wenn der Vertrauenstatbestand nur in der Registereintragung zu sehen wäre. Eine großzügigere Sicht ist jedoch überzeugender. Dritte können nämlich auch **durch sonstige Verlautbarungen** oder bloße Übung von der fraglichen Tatsache, hier der Erteilung der Prokura, erfahren haben. Insoweit schließt fehlende Voreintragung den Schutz durch § 15 I HGB grundsätzlich nicht aus. K muss in unserem Fall deshalb bezahlen (§§ 433 II BGB, 49 I HGB), da der Rechtsschein der Prokura nicht gemäß § 53 III HGB durch Eintragung vernichtet wurde, § 15 I HGB. Dieses Ergebnis hat auch den Wortlaut der

Vorschrift auf seiner Seite, denn das von § 15 I HGB geschützte Vertrauen bezieht sich allein auf das Schweigen des Handelsregisters, nicht aber auf (Vor-) Eintragungen.

Im Wege teleologischer Reduktion des § 15 I HGB ist allerdings eine Ausnahme hinzuzugeben: Ist die voreintragungspflichtige Tatsache **gar nicht in der Welt**, d. h. gar nicht nach außen bekannt geworden, scheidet eine Vertrauenshaftung aus. Zum

> **Bsp.**: *A, B und C gründen eine oHG; eine Stunde nach Unterzeichnung des Gesellschaftsvertrages tritt C aus der Gesellschaft aus. – Seine Beteiligung war nicht „in der Welt". Auch wenn sein Austritt also entgegen § 143 II, I HGB nicht im Handelsregister vermerkt wird, kommt eine etwaige Haftung nach §§ 128, 15 I HGB nicht in Betracht.*

dd. Der Dritte muss **gutgläubig** sein, das heißt, er darf die wahre Rechtslage nicht kennen. Dies wird vermutet. Auch grob fahrlässige Unkenntnis schadet – anders als bei § 932 II BGB – dem Dritten nicht, sondern nur positive Kenntnis der einzutragenden Tatsache.

ee. § 15 I HGB schützt „**abstraktes Vertrauen**". Auf eine tatsächliche positive Rechtsscheinsituation sowie entsprechende Kausalität kommt es nicht an. Ebenso ist die Frage nach der Zurechenbarkeit der Nichteintragung hier irrelevant.

> **Bsp.**: *Im Fall der widerrufenen Prokura, deren Erlöschen nicht im Handelsregister eingetragen wird, muss der Dritte weder ins Handelsregister gesehen, noch Kenntnis von der Erteilung der Prokura gehabt haben. Auf konkretes Vertrauen kommt es im Rahmen von § 15 I HGB nämlich nicht an.*

ff. Da § 15 HGB dem Verkehrsschutz Rechnung tragen will, muss der rechtsbegründende Vorgang zum „**Geschäftsverkehr**" gehören. Der sogenannte reine „Unrechtsverkehr" gehört damit nicht zum Anwendungsbereich der Norm.

> **Bsp.**: *O wird bei einem Unfall durch das Geschäftsfahrzeug einer oHG verletzt. Selbst wenn das Ausscheiden des Gesellschafters G nicht im Handelsregister eingetragen ist, haftet er nicht nach §§ 128 S. 1, 15 I, 143 II HGB.*

> Bevor Sie sich den Rechtsfolgen von § 15 I HGB zuwenden, lernen Sie die Tatbestandsmerkmale aus der obigen Übersicht auswendig! Sie sind von überragender Bedeutung in der Klausur.

aa. Die eintragungspflichtige, aber nicht eingetragene oder nicht bekannt gemachte Tatsache kann einem redlichen Dritten gemäß § 15 I HGB nicht entgegengehalten werden. Das gilt nach **§ 15 II 2 HGB** sogar innerhalb von **15 Tagen** trotz und nach Eintragung und Bekanntmachung, sofern der Dritte die Tatsache weder kannte noch kennen musste. Der Fahrlässigkeitsmaßstab wird insoweit jedoch von der herrschenden Ansicht **sehr streng** gehandhabt, so dass § 15 II 2 HGB nur in wirklichen Extremfällen relevant wird.

> *Bsp.: Ist der Widerruf der Prokura eingetragen und bekannt gemacht, hat das Veröffentlichungsmedium den Dritten jedoch noch nicht erreicht, kann das Erlöschen der Prokura diesem nach § 15 II 2 HGB nicht entgegengehalten werden. Hat der Dritte das Veröffentlichungsmedium lediglich noch nicht gelesen, verneint die herrschende Ansicht den Schutz aus § 15 II 2 HGB – in Zeiten des Internets also regelmäßig.*

Eine andere Ansicht belässt der Regelung des § 15 II 2 HGB einen realistischen Anwendungsbereich, indem sie den Fahrlässigkeitsmaßstab überzeugend nach Bedeutung und Umfang des bevorstehenden Geschäfts **variiert**. So wird bei Alltagsgeschäften die bloße Unkenntnis der Bekanntmachung für unschädlich gehalten, bei bedeutenderen Geschäften allerdings Einsicht in das Handelsregister gefordert.

bb. Dem Dritten steht ein **Wahlrecht** zu, sich auf § 15 I HGB zu berufen oder nicht. Das bedeutet: der Dritte, zu dessen Gunsten § 15 I HGB wirken soll, kann nicht an die scheinbare Rechtslage gebunden werden. Dafür spricht auch, dass § 15 I HGB überhaupt nur zu Gunsten des Dritten wirken soll.

> *Bsp.: Das Erlöschen der Vollmacht des ehemaligen Prokuristen P wird entgegen § 53 III HGB nicht im Handelsregister eingetragen. Kauft P trotzdem im Namen des Kaufmanns, kann der Verkäufer V entweder gemäß § 15 I HGB die Prokura als ihm gegenüber fortbestehend ansehen, oder auf die Rechtsfolge des § 15 I HGB verzichten, so dass nach versagter Genehmigung, § 177 BGB, eine Haftung des Vertreters, P, gemäß § 179 BGB in Betracht kommt.*

cc. Streitig ist jedoch, ob sich ein Dritter hinsichtlich einer nicht eingetragenen Tatsache teilweise auf die wirkliche und teilweise auf die sich aus dem Register ergebende Lage berufen kann (**Rosinentheorie** oder Theorie der Meistbegünstigung). Die Problematik lässt sich am besten anhand eines Beispiels begreifen:

> *Bsp.: Aus einer KG ist einer der beiden persönlich haftenden Gesellschafter (A) ausgeschieden, ohne dass im Handelsregister ein entsprechender Vermerk eingetragen wurde. Die beiden waren nur gemeinsam zur Vertretung befugt, was auch im Register stand und bekannt gemacht war. Der verbleibende Gesellschafter (B) kauft nun bei V; dieser verlangt Bezahlung von A.*

Hier geht es darum, zwei Aspekte zu untersuchen. Der erste betrifft die Gesamtvertretung: Nach dem Ausscheiden des A war B alleinvertretungsberechtigt. Das Erlöschen der Gesamtvertretung ist aber eintragungspflichtig, §§ 161 II, 143 II, 107 HGB. Deshalb könnte V gemäß § 15 I HGB entgegenhalten, dass die KG auch weiterhin nur mittels Gesamtvertretung wirksam kontrahieren könne. Jedoch hat V insoweit ein Wahlrecht. Sich auf die wahre Lage (Einzelvertretung durch Erlöschen der Gesamtvertretung) berufend – nur das liegt insoweit in seinem Interesse – ist der Kaufvertrag nämlich wirksam zustande gekommen.

Der zweite Aspekt betrifft die Haftung des A. Gemäß § 15 I HGB gilt A gegenüber V weiterhin als persönlich haftender Gesellschafter, da das Register hinsichtlich seines Ausscheidens schweigt. Diesmal übte V sein Wahlrecht hinsichtlich des Rechtsscheins aus. Demnach könnte er nämlich gemäß §§ 433 II BGB, 161 II, 128 S. 1, 15 I HGB von A Zahlung verlangen.

So lösen der BGH und mit ihm die wohl herrschende Ansicht diesen Fall. Für sie spricht, dass die Theorie des Wahlrechts konsequent angewandt wird und nach allgemeiner Auffassung § 15 I HGB eben nur zum Vorteil des Dritten und nicht zu seinen Lasten wirkt.

Dennoch kann sie nicht überzeugen, denn den Dritten besser zu stellen, als entspräche die scheinbare Rechtslage der Wirklichkeit, entbehrt jeden überzeugenden Arguments. Nach der wirklichen Rechtslage wäre der Kaufvertrag zwischen V und KG wirksam, allerdings nur B haftbar. Die scheinbare Rechtslage spricht nach Anwendung von § 15 I HGB für Gesamtvertretungsmacht, so dass der Kaufvertrag nicht wirksam wäre. Zwischen diesen beiden Möglichkeiten kann der Dritte – V – seinem Wahlrecht entsprechend, wählen. Sich hinsichtlich einer Tatsache jedoch gleichzeitig auf die wahre Rechtslage und die Registerlage zu berufen, ist widersprüchliches Verhalten (*venire contra factum proprium*) und nicht schutzwürdig. Deshalb ist § 15 I HGB in diesen Fällen im Wege teleologischer Reduktion nicht anzuwenden.

Die Theorie der Meistbegünstigung (Rosinentheorie) verdient somit keine Zustimmung.

dd. Zusammenfassend sind hinsichtlich der Rechtsfolgen **zwei Problemkonstellationen** zu wiederholen:

- **Fahrlässigkeitsmaßstab** des § 15 II 2 HGB: streng oder differenzierend
- **Rosinentheorie**: positivistisch oder wertend

Trotz aller Streitigkeiten innerhalb von § 15 I HGB dürfen Sie nicht vergessen, vor allem die Tatbestandsvoraussetzungen zu lernen. Sie geben dem Anspruch seine Struktur und sind daher unabdingbares Gerüst der Prüfung, ohne das keine Klausur Erfolg haben kann.

2. Schutz bei richtiger Eintragung, § 15 II HGB

a. Etwas ungewöhnlich erst in Absatz 2 folgt in § 15 II 1 HGB der praktische Normalfall. Hier geht es um die Wirkung **richtiger Eintragung** und Bekanntmachung: Ein Dritter muss eine (wahre!) Tatsache gegen sich gelten lassen, wenn sie ordnungsgemäß eingetragen und bekannt gemacht ist. Eintragung und Bekanntmachung dienen somit dem Pflichtigen als **Mittel zur Zerstörung eines Vertrauenstatbestandes.** Dass darin entgegen des ersten Anscheins keine Schwierigkeit, sondern vielmehr eine Selbstverständlichkeit liegt, zeigt unser folgendes

> *Bsp.: Wird eine Prokura widerrufen und deren Erlöschen im Handelsregister eingetragen und bekannt gemacht, muss ein Dritter diese wahre Rechtslage gegen sich gelten lassen, § 15 II 1 HGB.*

b. Die **Voraussetzungen** von § 15 II sind also:

- Vorliegen einer eintragungsfähigen und wahren Tatsache
- Eintragung und Bekanntmachung derselben.

c. Problematisch ist das Verhältnis des § 15 II 1 HGB zu **anderen Rechtsscheintatbeständen**, die, unabhängig von einer richtigen Registereintragung, „besonderes Vertrauen" schützen können. Hier gilt:

> Ein besonders gesetzter Rechtsschein kann nicht durch ein allgemeines Mittel zur Zerstörung eines Vertrauenstatbestandes beseitigt werden.

> *Bsp.: Der Widerruf einer Prokura wird ins Handelsregister eingetragen und bekannt gemacht. Hatte der Kaufmann dem ehemaligen Prokuristen zusätzlich eine Urkunde über die Erteilung der Prokura ausgestellt, kann er sich nicht auf § 15 II 1 HGB berufen, es gilt vielmehr § 172 II BGB.*

Um einen Wertungswiderspruch insbesondere zu den §§ 170, 171 II, 172 II und 173 BGB zu vermeiden, ist § 15 II 1 HGB im Wege **teleologischer Reduktion** restriktiv auszulegen. Die Vorschrift gilt nur für die Beseitigung des allgemeinen Vertrauenstatbestandes. Wurde ein zusätzlicher besonderer Vertrauenstatbestand geschaffen, findet sie hingegen keine Anwendung.

3. Schutz Dritter bei falscher Bekanntmachung, § 15 III HGB

Wenn eine eintragungspflichtige Tatsache im Handelsregister unrichtig bekannt gemacht worden ist, kann sich der Dritte darauf gegenüber demjenigen berufen, in dessen Angelegenheiten sie einzutragen war, § 15 III HGB. Dieser Vorschrift gehen historisch **zwei ungeschriebene**, von der Rechtsprechung entwickelte **Ergänzungssätze** voraus:

⇒ Wer eine unrichtige Erklärung zum Handelsregister abgibt, kann an dieser von einem gutgläubigen Dritten festgehalten werden; und:

⇒ Wer eine unrichtige Eintragung im Handelsregister schuldhaft nicht beseitigt, kann an dieser von einem gutgläubigen Dritten festgehalten werden.

Im Zuge der Umsetzung der Ersten Richtlinie des Rates der Europäischen Gemeinschaften zur Koordinierung des Gesellschaftsrechts vom 9.3.1968 wollte man gleichzeitig diese Rechtsprechung in § 15 III HGB kodifizieren. Das Resultat ist viel Streit. Im Einzelnen:

a. Tatbestandliche Voraussetzungen des § 15 III HGB

Überblick:

- Vorliegen einer eintragungspflichtigen Tatsache
- Unrichtige Bekanntmachung
- Fehlende Kenntnis des Dritten
- Zurechenbarkeit als ungeschriebenes Tatbestandsmerkmal
- Geschäftsverkehr

aa. § 15 III HGB setzt eine einzutragende Tatsache voraus. Damit sind, wie in § 15 I HGB, **eintragungspflichtige Tatsachen** gemeint. Jedoch ist für § 15 III HGB gerade typisch, dass die bekannt gemachte Tatsache in Wirklichkeit gar nicht besteht und deshalb auch nicht eintragungspflichtig sein kann. Deshalb kommt es hier auf eine **abstrakte** Betrachtungsweise an. Die Tatsache muss – ihre Wahrheit unterstellt – eintragungspflichtig sein.

Bsp.: Im Handelsregister wird P als Prokurist des K eingetragen und bekannt gemacht, obwohl K den P nie zum Prokuristen bestellt hat. Eine eintragungspflichtige Tatsache war also nie gegeben, jedoch ist das abstrakt Verlautbarte an sich eintragungspflichtig, nämlich nach § 53 I 1 HGB. Das ist für § 15 III HGB hinreichend.

bb. Voraussetzung ist weiter eine **unrichtige Bekanntmachung**. Ist nur die Eintragung im Handelsregister falsch, scheidet § 15 III HGB aus. Unter Unrichtigkeit ist jedoch nicht nur eine Diskrepanz zwischen Eintragung und Bekanntmachung zu verstehen, sondern jede Diskrepanz zwischen wahrer und bekannt gemachter Rechtslage, so dass insbesondere der häufige Fall gleichzeitiger Unrichtigkeit von Register und Bekanntmachung auch von § 15 III HGB erfasst wird.

Zur Übersicht:

Bekanntmachung	Eintragung	Konsequenz
falsch	*richtig*	§ 15 III HGB
falsch	*falsch*	§ 15 III HGB
richtig	*falsch*	ungeschriebene Rechtsscheinhaftung entsprechend der Ergänzungssätze, s. u.
richtig	*richtig*	Normalfall

cc. Der Dritte muss **gutgläubig** sein. Er darf also keine Kenntnis von der Unrichtigkeit der Tatsache haben. Bloß fahrlässige Unkenntnis schadet nicht.

dd. Umstritten ist, ob die falsche Bekanntmachung (wie bei den beiden ungeschriebenen Ergänzungssätzen der Rechtsprechung) dem von ihr Betroffenen **zurechenbar** sein muss. Nach einer Ansicht ist dies zu verneinen, da der Gesetzgeber mit § 15 III HGB ausweislich seines Wortlauts und der Regierungsbegründung klar über die von der Rechtsprechung entwickelte Haftung habe hinausgehen wollen. Zwar wird so dem Verkehrsschutzinteresse des Dritten Rechnung getragen, allerdings bringt das reine Rechtsscheinprinzip enorme Risiken für den betroffenen Kaufmann mit sich. Denn anders als im Rahmen von §§ 892 und 2366 BGB droht nicht nur der Verlust bestimmter Gegenstände – ein versehentlich bekannt gemachter Prokurist kann vielmehr über das gesamte Vermögen des Kaufmanns verfügen. § 15 III HGB ist daher durch das **Veranlassungsprinzip** einzuschränken. Dem vollkommen Unbeteiligten das Risiko unbegrenzter Haftung aufzuerlegen, wäre nicht nur unbillig, sondern auch mit verfassungsmäßigen Wertungen aus Art. 2 I GG schwer zu vereinbaren. Hat der Betroffene mithin keinen Anlass zu der falschen Bekanntmachung gegeben, scheidet eine Zurechnung und damit Anwendung von § 15 III HGB aus. Das ist freilich *nicht* immer der Fall.

*Bsp.: Der Kaufmann K bestellt P zu seinem Prokuristen und meldet dies zur Eintragung ins Handelsregister ein. Eingetragen wird aber nicht P, sondern X. In der Tat wirkt § 15 III HGB in diesem Fall zu Lasten des K, denn der Antrag zur Eintragung überhaupt eines Prokuristen **reicht nach dem Veranlassungsprinzip** für die Zurechnung des Rechtsscheins aus. X könnte P daher wirksam vertreten, §§ 49 I, 15 III HGB. (Freilich stünde dem P ggf. ein Amtshaftungsanspruch gegen das Registergericht nach § 839 I BGB, Art. 34 GG zu.)*

§ 15 III HGB wirkt zugunsten des Dritten und zu*un*gunsten desjenigen, in dessen Angelegenheiten die Tatsache einzutragen war. Der **Dritte** kann sich also **auf** die **bekannt gemachte Tatsache berufen.** Ihm ist aber auch hier anheimgestellt, der Wahrheit den Vorzug zu geben; mit anderen Worten: Auch im Rahmen von § 15 III HGB hat der Dritte ein **Wahlrecht.**

4. Die nicht-registerrechtliche Vertrauenshaftung

Die Rechtsscheinregelungen im HGB sind **nicht abschließend.** Vielmehr folgen aus den beiden oben erwähnten ungeschriebenen Ergänzungssätzen, die schon § 15 HGB zugrunde liegen, weitere Fälle handelsrechtlicher Vertrauenshaftung. Diesen liegt das **Institut der allgemeinen Rechtsscheinshaftung,** das in den §§ 170 ff. und 405 BGB wurzelt, zugrunde. Aus dem allgemeinen Zivilrecht hier kurz deren **Voraussetzungen:**

- objektiver Rechtsscheintatbestand
- Zurechenbarkeit des Scheintatbestands
- Schutzbedürftigkeit, insbesondere Gutgläubigkeit
- Kausalität

Merke:

> **Hat jemand einen Rechtsschein zurechenbar veranlasst, muss er sich an diesem gegenüber gutgläubigen Dritten festhalten lassen.**

Namentlich „Scheinkaufleute" und „Scheingesellschaften" treten so auf den haftungsrechtlichen Plan. Im Einzelnen:

a. Rechtsscheintatbestand

Im handelsrechtlichen Verkehr kann auf vielfältige Weise beim Geschäftsgegner Vertrauen erweckt werden.

aa. Als Erstes ist an Fälle zu denken, in denen ein **Nicht-Kaufmann als Kaufmann auftritt.** Der Rechtsschein kann ausdrücklich oder konkludent, gegenüber der Öffentlichkeit oder einem Dritten gesetzt werden. **Beispiele** dafür sind:
- *A erklärt während seiner Verhandlungen mit B wahrheitswidrig, Kaufmann zu sein.*
- *K, der zwar nur einen kleinen **Tante-Emma**-Laden betreibt und nicht im Handelsregister eingetragen ist, tritt als „TEL-Großhandel" auf.*
- *Architekt P firmiert unter „P-Bauausführungen e. K.".*

bb. Zweitens kommen Fälle in Betracht, in denen sich jemand **zu Unrecht als Mitglied einer oHG** ausgibt. Dann spricht man von einem **Scheingesellschafter**. Zwei Gesellschafter, die als A&B oHG auftreten, bilden eine Schein-oHG mit der Folge, dass sie grundsätzlich analog § 128 HGB haften können. Die Scheingesellschaft ist selbst freilich nicht existent, kann also auch weder klagen noch verklagt werden – wohl aber eine etwaige GbR. Sie ermöglicht aber die Haftung ihrer „Gesellschafter".

cc. Drittens kann eine **unrichtige Eintragung im Handelsregister** einen Rechtsschein begründen. Das dürfte aber nur in den Fällen relevant werden, in denen die Bekanntmachung dennoch richtig ist, denn andernfalls ist § 15 III HGB bereits einschlägig (s.o. die Tabelle).

b. Zurechenbarkeit

Der Rechtsschein muss dem Betroffenen zugerechnet werden können. Damit ist kein Verschulden gemeint, ausreichend ist vielmehr, dass der Rechtsschein **veranlasst** wurde, also aus der Sphäre des Betroffenen stammt.

> *Bsp.: Glaubt der Betroffene selbst aufgrund unverschuldeten Irrtums an seine in Wahrheit nicht bestehende Kaufmannseigenschaft und setzt einen entsprechenden Rechtsschein, ist dieser ihm grundsätzlich auch zurechenbar.*

Eine unrichtige Registereintragung ist dann zurechenbar, wenn der Antrag fehlerhaft war. Andernfalls kommt allenfalls ein Unterlassen der Richtigstellung in Betracht, das bei Verschulden zugerechnet wird. Diese beiden letzten Fälle sind aber nur dann von Bedeutung, wenn die Bekanntmachung richtig war, da andernfalls § 15 III HGB einschlägig ist.

Merke: | **Die Zurechnung eines nicht veranlassten Rechtsscheins wegen Unterlassens seiner Beseitigung setzt Verschulden voraus.**

c. Schutzwürdigkeit

In der Person des vertrauenden Dritten ist dessen **guter Glaube** vorauszusetzen. Er muss erstens **Kenntnis vom Scheintatbestand** – blindes Vertrauen verdient keinen besonderen Schutz – und darf zweitens **keine positive Kenntnis** von der wahren Rechtslage gehabt haben. Grob fahrlässige Unkenntnis steht dem gleich (im Gegensatz zur registerrechtlichen Vertrauenshaftung!). Erkennt der Dritte die wahre Rechtslage fahrlässig nicht, wird man seine Schutzwürdigkeit nur dann verneinen, wenn die Wahrheit nachgerade evident war. Nachforschungspflichten hat er grundsätzlich keine, es sei denn, ein besonderer Anlass zu Misstrauen oder Vorsicht besteht.

> *Bsp.: Der Nichtkaufmann A hat im April 2007 mit B Geschäfte gemacht und firmierte dabei auf seinem Briefbogen unter "A e.K.". Im August 2008 bestellt A erneut bei B, diesmal telefonisch. Hinweise auf eine etwaige Kaufmannseigenschaft des A gab es dabei nicht. B fragte auch nicht weiter nach. Muss A etwaige Mängel der Kaufsache unverzüglich rügen?*

Eine Rügeobliegenheit kann sich für A aus § 377 I HGB ergeben. Die Norm ist allerdings nicht unmittelbar anwendbar, denn A ist kein Kaufmann. Möglicherweise muss er sich aber als solcher behandeln lassen. Dadurch, dass A im Rechtsverkehr als "A e.K." auftrat, schuf er einen ihm zurechenbaren Rechtsschein für seine Kaufmannseigenschaft. Zweifel bestehen jedoch an der Schutzwürdigkeit des B, wurde doch der Vertrauenstatbestand vor so langer Zeit geschaffen, dass B mit einer Änderung der Rechtslage hätte rechnen können. Deshalb wäre hier, auch wenn grundsätzlich keine Nachforschungspflicht seitens des Dritten besteht, eine kurze Nachfrage angezeigt gewesen. Da B aber schwieg, ist er nicht schutzwürdig. § 377 I HGB ist damit endgültig nicht einschlägig; unverzügliche Mängelrüge folglich entbehrlich.

d. Kausalität

Der Dritte muss im Vertrauen auf den Scheintatbestand gehandelt haben. An die Kausalität zwischen Rechtsschein und Handeln des Dritten sind aber **keine hohen Anforderungen** zu stellen.

e. Rechtsfolgen

Die Rechtsscheinhaftung bewirkt, dass der Scheintatbestand der Wirklichkeit kraft objektiven Rechts gleichgestellt wird. Dem Dritten steht insoweit freilich ein **Wahlrecht** zu, so dass er sich auch hier auf die Wahrheit berufen kann.

Der Rechtsschein wirkt zugunsten des Dritten, nicht aber zugunsten des Scheinkaufmanns.

Bsp.: *Der Scheinkaufmann kann nicht den höheren Zinssatz aus § 352 I 1 HGB fordern – keine Wirkung zugunsten des Scheinkaufmanns.*

Problematisch ist, welche Rechtsfolgen eintreten, wenn Vertrauen hinsichtlich einer unbeschränkten Haftung einer natürlichen Person gesetzt wurde, ohne dass diese unmittelbar existiert.

Bsp.: *Eine GmbH firmiert als „A-Cabrio-Handel", also ohne den „GmbH"-Zusatz und ohne, dass es den A überhaupt gäbe.*

Hier kommt eine **persönliche Haftung der Geschäftsführer** der GmbH als deren Organ in Betracht, denn diese hatten für eine ordnungsgemäße Firmierung (§ 4 GmbHG) die Verantwortung. Darüber hinaus kann man erwägen, die **Gesellschafter** haftbar zu machen, denn so grundlegende Organisationsmaßnahmen wie die Firmierung können auch in deren Verantwortungsbereich fallen. Kann also etwa ein Hauptgesellschafter die Geschicke der Gesellschaft mitgestalten, ist er kraft „Tatherrschaft" mittelbarer Täter und deshalb der Haftung aus ihm zurechenbaren Rechtsschein unterworfen. Hier ist allerdings noch vieles ungeklärt.

III. Übungsfall

Fall 2

Infolge eines Versehens des Registergerichts wird nicht W, sondern dessen Sekretär V als neuer Gesellschafter der von B und M gegründeten BMW-Cabrio oHG im Handelsregister eingetragen. Die Bekanntmachung lautet jedoch wieder richtig auf W als neuen Gesellschafter. B, M und W sind so sehr mit dem An- und Verkauf sowie Probefahren neuer Modelle befasst, dass sie die Eintragungsmitteilung des Amtsgerichts ohne vorherige Lektüre zu den Akten legen. Darüber ist V, der den Irrtum bemerkt hatte, hoch erfreut. Er verwirklicht sich einen Lebenstraum und kauft im Namen der BMW-Cabrio oHG unter Vorlage des Handelsregisterauszugs beim Händler H einen neuen VW-Käfer und verschwindet damit. H verlangt von der BMW-Cabrio oHG Bezahlung. Zu Recht?

Lösungsvorschlag

H könnte von der BMW-Cabrio oHG den Kaufpreis des VW-Käfers verlangen, wenn zwischen diesen beiden ein entsprechender wirksamer Kaufvertrag geschlossen wurde (§ 433 II BGB). Voraussetzung dafür ist, dass V die oHG wirksam vertreten hat.

1. Grundsätzlich sind nach § 125 I HGB die Gesellschafter zur Vertretung berechtigt. V ist jedoch kein Gesellschafter der BMW-Cabrio oHG.

2. Möglicherweise kann sich H aber gemäß § 15 III HGB auf bestehende Vertretungsmacht berufen. Der Wortlaut der Norm spricht allerdings dagegen, denn die Gesellschafterstellung des V wurde nur falsch im Handelsregister eingetragen, nicht jedoch falsch bekanntgegeben.

3. Erwägenswert erscheint jedoch, den Fall der falschen Eintragung und richtigen Bekanntmachung im Wege einer Analogie § 15 III HGB gleichzustellen. Dafür könnte sprechen, dass das Handelsregister als solches im Gegensatz zur Bekanntmachung der bedeutendere Rechtsscheinträger ist. Methodisch ist eine Analogie jedoch erstens aufgrund des insoweit klar entgegenstehenden Wortlauts kaum haltbar. Die Vorschrift wurde zweitens erst 1969 eingefügt, und der Gesetzgeber war sich der vorliegenden Fallgestaltung wohl bewusst, hat sie jedoch nicht in Absatz 3 geregelt. Insofern fehlt es an einer Regelungslücke; eine Analogie zu § 15 III HGB kommt nicht in Betracht.

4. Dieses Ergebnis schließt jedoch nicht aus, dass sich die oHG das Verhalten des V nach allgemeinen Rechtsscheinsgrundsätzen muss zurechnen lassen.

    a. Als Rechtsscheintatbestand kommt die fehlerhafte Eintragung im Handelsregister in Betracht.

b. Jedoch hat die oHG diese nicht zurechenbar veranlasst, denn der Fehler entstammt der Sphäre des Registergerichts selbst. Allerdings ist von der Rechtsprechung überdies eine Haftung anerkannt, wenn eine unrichtige Eintragung schuldhaft nicht beseitigt wird. Hätten B, M und W die Eintragungsbestätigung des Registergerichts gelesen, wäre ihnen die Falscheintragung aufgefallen. Dies nicht zu tun, entsprach nicht der im Verkehr erforderlichen Sorgfalt, so dass sie schuldhaft unterließen, die Falscheintragung durch Anzeige beim Registergericht zu beseitigen. Der Rechtsschein ist ihnen daher zurechenbar.

c. Der Händler H war gutgläubig: Er handelte in Kenntnis vom Scheintatbestand und hatte keine positive Kenntnis von dessen Unrichtigkeit.

d. Endlich handelte H auch im Vertrauen auf die Gesellschafterstellung des V.

e. Der Scheintatbestand wird daher der Wirklichkeit gleichgestellt. V gilt mithin gegenüber H als Gesellschafter der BMW-Cabrio oHG (§ 125 I HGB analog).

5. Im Ergebnis ist daher ein Kaufvertrag zwischen H und der BMW-Cabrio oHG zustande gekommen. H fordert zu Recht den Kaufpreis von der oHG.

IV. Wiederholung

1. Überblick

Wir haben gesehen, dass der Kaufmann **registerrechtlicher Rechtsscheinshaftung** einerseits und **allgemeiner Vertrauenshaftung** andererseits ausgesetzt ist. Letztere dient als Auffangtatbestand für die Varianten, die von § 15 HGB nicht erfasst werden. Normiert sind zwei Fälle: Einerseits der Schutz abstrakten Vertrauens hinsichtlich des Fehlens einer Eintragung im Handelsregister gemäß § 15 I HGB und nach § 15 III HGB der Schutz des Vertrauens in unrichtig bekannt gemachte Tatsachen.

2. Wiederholungsfragen

1 Wer führt das Handelsregister? Wie wird es geführt?	Gerichte, § 8 I HGB. Sachlich zuständig ist das Amtsgericht, § 125 FGG. Die örtliche Zuständigkeit richtet sich nach der Niederlassung des Kaufmanns, § 29 HGB. Das Register wird elektronisch geführt, § 8 I HGB.
2 Kann das Registergericht von Amts wegen Eintragungen in das Handelsregister vornehmen?	Regelmäßig nein, es setzt vielmehr ein Zwangsgeld fest, um den Pflichtigen zur Anmeldung zu bewegen. Wenige Ausnahmen, wie die Eröffnung des Insolvenzverfahrens, werden hingegen von Amts wegen vermerkt.
3 Schützt § 15 I HGB den guten Glauben an die Richtigkeit des Eingetragenen?	Nein, - anders als beim Grundbuch kann man nach § 15 I HGB nur dem Schweigen des Registers vertrauen. Man bezeichnet dies als negative Publizität.
4 Welche Qualität muss die in § 15 I HGB angesprochenen Tatsache haben?	Sie muss eintragungspflichtig und wahr sein.
5 Nennen Sie Beispiele für eintragungspflichtige Tatsachen.	Firma, §§ 29, 31 HGB; Prokura, § 53 HGB; Beschränkungen der Vertretungsmacht von Gesellschaftern, § §106, 107 HGB
6 Wird der gute Glaube an das Schweigen des Registers in § 15 HGB auch im reinen Unrechtsverkehr geschützt?	Nein, nur im Geschäftsverkehr.
7 Rechtsfolge des § 15 I HGB?	Der Dritte hat ein Wahlrecht. Er kann sich entweder auf die wahre Rechtslage berufen oder auf § 15 I HGB mit der Folge, dass ihm die eintragungspflichtige Tatsache nicht entgegengesetzt werden kann.
8 Was ist unter „Rosinentheorie" zu verstehen?	Die Kombination von Elementen der wahren und der scheinbaren Rechtslage zum Vorteil des Dritten.
9 Ist die Rosinentheorie unbestritten?	Nein, gegen sie spricht vor allem, dass sie zu positivistisch gedacht ist und den Dritten ohne überzeugenden Grund besser stellt, als entspräche die scheinbare Rechtslage der Wirklichkeit.

10 Was bestimmt § 15 II 2 HGB?

Er verlängert die Rechtsscheinhaftung des § 15 I HGB um 15 Tage über den Zeitpunkt der Bekanntmachung hinaus.

11 Was spricht gegen die herrschende Ansicht hinsichtlich des guten Glaubens in § 15 II 2 HGB?

Die Anforderungen sind so hoch, dass sie praktisch nicht erfüllbar sind.

12 Wie ist das Verhältnis von § 15 II 1 HGB zu besonderen Vertrauenstatbeständen.

Der Anwendungsbereich von § 15 II 1 HGB ist im Wege teleologischer Reduktion zugunsten spezieller Vertrauenstatbestände einzuschränken.

13 Kann man bei § 15 III HGB nur dem Schweigen des Registers trauen?

Nein, denn § 15 III HGB statuiert eine positive Publizität, folglich genießt auch das „Reden" des Handelsregisters hier Autorität.

14 Welche sind die Tatbestandsvoraussetzungen von § 15 III HGB?

- eintragungspflichtige Tatsache
- unrichtige Bekanntgabe
- Unkenntnis des Dritten
- zurechenbare Veranlassung der unrichtigen Bekanntmachung

15 Was hat man unter Unrichtigkeit in § 15 III HGB zu verstehen?

Jede Diskrepanz von wahrer und bekanntgemachter Rechtslage, und nicht nur Abweichungen von bekanntgemachter und registerlich ausgewiesener Rechtslage.

16 Kann § 15 III HGB auch zu Lasten Geschäftsunfähiger Anwendung finden?

Nein, denn § 15 III HGB setzt Zurechnung voraus, und Zurechnungsfähigkeit ist hier aufgrund der rechtsgeschäftlichen Folgen von § 15 III HGB nach Geschäftsfähigkeitsmaßstäben zu beurteilen.

17 Welches Institut liegt der nichtregisterrechtlichen Vertrauenshaftung zugrunde?

Das Institut der allgemeinen Rechtsscheinhaftung.

18 Welche sind die Voraussetzungen allgemeiner Rechtsscheinhaftung?

- objektiver Rechtsschein
- zurechenbare Veranlassung
- Schutzwürdigkeit
- Kausalität

19 Den handelsrechtlichen Ausprägungen der allgemeinen Rechtsscheinhaftung liegen zwei von der Rechtsprechung entwickelte Ergänzungssätze zu Grunde. Welche?

- Wer eine unrichtige Erklärung zum Handelsregister abgibt, kann an dieser von einem gutgläubigen Dritten festgehalten werden.
- Wer unrichtige Eintragungen im Handelsregister schuldhaft nicht beseitigt, kann an dieser von einem gutgläubigen Dritten festgehalten werden.

20 Welche sind konkrete Ausprägungen handelsrechtlicher Rechtsscheinshaftung?

Die Lehre vom Scheinkaufmann, der Scheingesellschaft und des Scheingesellschafters.

3. KAPITEL
DIE VERTRETUNG DES KAUFMANNS

Auch im Handelsverkehr gilt das allgemeine Recht der Stellvertretung gemäß §§ 164 ff. BGB. Diese Regeln werden jedoch durch zwei besondere Formen rechtsgeschäftlicher Vertretung,

- Prokura, § 48 HGB, und
- Handlungsvollmacht, § 54 HGB,

ergänzt und modifiziert. Diese handelsrechtlichen Vollmachten haben die Eigenart, dass ihr **Umfang** grundsätzlich nicht vom Vollmachtgeber, sondern **vom Gesetz bestimmt** oder typisiert wird. Der Rechtsverkehr soll dadurch erleichtert werden.

I. Prokura

1. Erteilung

Die Prokura wird durch eine

- empfangsbedürftige und vor allem **ausdrückliche** Willenserklärung
- des Inhabers des Handelsgeschäfts (also des **Kaufmanns** persönlich)

erteilt, § 48 I HGB. Auch wenn deren Eintragung ins Handelsregister gemäß § 53 I HGB vorgeschrieben ist, hängt die Wirksamkeit der Erteilung hiervon **nicht** ab, da die Eintragung nur deklaratorischen Charakter hat.

Scheitert die Erteilung der Prokura am Fehlen einer Voraussetzung, kann sie unter Umständen in eine Handlungsvollmacht **umgedeutet** werden.

> *Bsp.: Prokurist P erteilt dem H „Unterprokura". P konnte aber – weil er nicht Kaufmann ist – keine Prokura erteilen. Die „Unterprokura" ist daher nichtig, § 48 I HGB. Sie ist aber in eine Generalhandlungsvollmacht (vgl. § 54 I HGB und unten) umzudeuten, § 140 BGB.*

> *Bsp.: Kaufmann K duldet, dass sein Angestellter P mit "ppa" (per procura) gegenüber Geschäftspartnern zeichnet. Dennoch liegt nicht etwa eine „Duldungsprokura" vor, sondern allenfalls konkludent erteilte Handlungsvollmacht resp. allgemeine Duldungsvollmacht.*

2. Umfang

a. Die Prokura ist eine grundsätzlich **unbeschränkte** (§ 49 I HGB) und **unbeschränkbare** (§ 50 I, II HGB) Vollmacht im Handelsverkehr. Der Prokurist kann mit Wirkung für und gegen den Geschäftsinhaber **Geschäfte jeder Art** abschließen und Prozesse führen.

b. Ausgeschlossen von der Prokura sind allerdings folgende Rechtsgeschäfte:

- Veräußerung und Belastung von Grundstücken, § 49 II HGB
- Grundlagengeschäfte, das heißt Handlungen, die den Bestand des Geschäfts selbst verändern, z. B. die Aufnahme eines Teilhabers
- Handlungen, die auf die Einstellung des Betriebs gerichtet sind, z. B. Veräußerung des Handelsgeschäfts
- Reine Inhabergeschäfte, z. B. Prokuraerteilung, § 48 I HGB, und Bilanzunterzeichnung, § 245 HGB
- Private Angelegenheiten des Geschäftsherren, die sich nicht auf das Handelsgewerbe beziehen

c. Auch, wenn der sachliche Umfang der Prokura rechtsgeschäftlich nicht beschränkt werden kann, bleibt eine Beschränkung der persönlichen Ausübungsbefugnis durch Bindung des Prokuristen an die **Mitwirkung** eines anderen Stellvertreters möglich. Klassisch ist die **(echte) Gesamtprokura** im Sinne von § 48 II HGB. Sie liegt vor, wenn die Prokura an mehrere Personen gemeinschaftlich erteilt wird, so dass diese eine Willenserklärung nur gemeinschaftlich abgeben können. Für den Zugang von Willenserklärungen genügt freilich wie bei der Wissenszurechnung, dass die Voraussetzungen in einer Person vorliegen (vgl. §§ 28 II BGB, 125 II 3 HGB analog).

Bsp.: Kaufmann K erteilt P1 und P2 Gesamtprokura und meldet die Bestellung beider Prokuristen zur Eintragung in das Handelsregister an, ohne Notar oder Registergericht auf die Gesamtvertretung – entgegen § 53 I 2 HGB – hinzuweisen. Kontrahiert P1 im Namen des K ohne Beteiligung von P2 mit D, ist der Vertrag dennoch wirksam, denn gemäß § 15 I HGB kann D von Einzelprokura ausgehen.

d. Der Umfang der Prokura kann auch nach den allgemeinen Regeln über den **Missbrauch** der Vertretungsmacht gegenüber Dritten beschränkt sein. Zwei Fälle sind zu beachten:

- **Kollusion**: Bei arglistigem Zusammenwirken zwischen Drittem und Prokuristen zum Nachteil des Geschäftsherren wirken interne Beschränkungen der Vollmacht auch gegenüber dem Dritten (§§ 138, 826 BGB).
- Gleiches gilt, wenn der Prokurist seine Vertretungsmacht **bewusst missbraucht** und der Vertragspartner den Missbrauch **erkennt** oder grob fahrlässig verkannt hat.

3. Erlöschen

Die Prokura ist **frei widerruflich**, § 52 I HGB. Beschränkungen der Widerruflichkeit sind unwirksam. **§ 52 I HGB** ist **unabdingbar**. Weitere Erlöschensgründe sind:

- Beendigung des Grundverhältnisses, z. B. des Arbeitsvertrages, § 168 S. 1 BGB
- Tod des Prokuristen (vgl. § 673 BGB, § 52 HGB und, arg. e § 52 III HGB)
- Verlust der Kaufmannseigenschaft des Prinzipals und Einstellung des Handelsgeschäfts

Das Erlöschen der Prokura ist ebenfalls im **Handelsregister einzutragen, § 53 III HGB**. Die Eintragung hat zwar nur deklaratorische Wirkung, ist aber für die Rechtsscheinhaftung des Geschäftsherren gemäß § 15 I HGB, wie wir schon mehrfach gesehen haben, von großer Bedeutung.

II. Handlungsvollmacht

Merke:

> Alle Vollmachten, die ein Kaufmann im Rahmen seines Handelsgewerbes erteilt, die nicht Prokura sind, sind Handlungsvollmachten.

1. Erteilung

Im Gegensatz zur Prokura kann die Handlungsvollmacht **formfrei** erteilt werden, § 167 BGB. Einer ausdrücklichen Erklärung bedarf es nicht, auch stillschweigende Willenserklärung reicht aus.

2. Umfang

a. Der Umfang der Vollmacht wird grundsätzlich durch den bestimmt, der sie erteilt. Aus dem § 54 I HGB ergeben sich für drei verschiedene Handlungsvollmachten **gesetzliche Vermutungen** hinsichtlich deren Umfangs:

- **Generalhandlungsvollmacht** (§ 54 I Fall 1 HGB) – Vertretungsmacht besteht für alle Rechtsgeschäfte, die der Betrieb eines derartigen Handelsgewerbes mit sich bringt.
  Bsp.: Eine wegen Missachtung der Formerfordernisse des § 48 I HGB nichtige Prokura wird regelmäßig in eine Generalhandlungsvollmacht umzudeuten sein.

- **Arthandlungsvollmacht** (§ 54 I Fall 2 HGB) – Vertretungsmacht besteht für eine bestimmte Art von Geschäften, die ein derartiges Handelsgewerbe mit sich bringt.
  Bsp.: Abteilungsleiter oder Zweigstellenleiter werden häufig eine Arthandlungsvollmacht haben.

- **Spezialhandlungsvollmacht** (§ 54 I Fall 3 HGB) – Vertretungsmacht besteht für nur einzelne Geschäfte.
  Bsp.: Verantwortliche zur Durchführung eines bestimmten Projekts haben häufig Spezialhandlungsvollmacht.

Im Gegensatz zur Prokura ist selbst die Generalhandlungsvollmacht immer auf solche Geschäfte beschränkt, die in einem **derartigen Handelsgewerbe gewöhnlich** vorkommen. Entscheidend ist die **Branchenüblichkeit**.

b. Von der Handlungsvollmacht sind nach § 54 II HGB grundsätzlich folgende Geschäfte **ausgeschlossen**:

- Veräußerung oder Belastung von Grundstücken
- Aufnahme von Darlehen sowie die Eingehung von Wechselverbindlichkeiten
- Prozessführung.

c. Auch wenn die Handlungsvollmacht – anders als die Prokura – rechtsgeschäftlich auch für das Außenverhältnis beschränkt werden kann, ist diese Beschränkung nur in den Grenzen des § 54 III HGB gegenüber Dritten wirksam. In § 54 III HGB wird ein **gesetzlicher Mindestumfang** festgelegt. Der Dritte braucht ungewöhnliche, das heißt von § 54 I und II HGB abweichende, Beschränkungen nur dann gegen sich gelten zu lassen, wenn er sie kannte oder kennen musste (vgl. § 122 II BGB).

> **Bsp.**: *Der Prokurist P von "K-Bauunternehmung e. K." erteilt dem Mitarbeiter H Spezialhandlungsvollmacht zur Realisierung des Projekts X. Seine Vertretungsmacht wird auf Geschäfte beschränkt, die ein Volumen von 7.500 Euro nicht überschreiten. H kauft im Namen von K-Bauunternehmung e. K. bei S Kies im Werte von 10.000 Euro ein. Damit handelte er als Vertreter ohne Vertretungsmacht, § 177 I BGB. Kannte S die Beschränkung der Vertretungsmacht nicht und beruhte seine Unkenntnis nicht auf Fahrlässigkeit, ist diese ihm gegenüber unwirksam, der Vertrag mithin zustande gekommen.*

Hinweis: Beachten Sie auch hier wieder die **richtige strukturelle Einordnung** handelsrechtlicher Aspekte. Erst nachdem Überschreitung der inhaltlich beschränkten Vertretungsmacht festgestellt wurde, ist der Schutz des guten Glaubens an den Mindestumfang des § 54 I HGB gemäß § 54 III HGB zu erörtern.

3. Erlöschen

Für das Erlöschen der Handlungsvollmacht gelten die allgemeinen Regeln des BGB. Insbesondere ist sie frei widerruflich. Die **Widerrufsmöglichkeit** kann, anders als bei der Prokura (§ 52 I HGB), auch gemäß § 168 S. 2, Hs. 2 BGB vertraglich **abbedungen** werden.

III. Vertretungsmacht von Ladenangestellten

Nach § 56 HGB gilt, wer in einem Laden oder Warenlager angestellt ist, als zu gewöhnlichen Verkäufen und Empfangnahmen bevollmächtigt. Darin liegt ein Tatbestand der **Rechtsscheinhaftung**.

Unter einem **Laden** oder Warenlager sind Räume zu verstehen, die dem Publikum offen stehen und in denen der Inhaber seine Geschäfte betreibt. **Angestellt** sind Personen, die mit Wissen und Wollen des Kaufmanns in Laden oder Warenlager tätig sind. § 56 HGB bezieht sich **nur auf Ver**käufe und Empfangnahmen; für Ankäufe ist die Norm nicht einschlägig. Die Scheinhandlungsvollmacht nach § 56 HGB besteht nur insoweit, als der Dritte hinsichtlich des Bestehens von Vertretungsmacht **gutgläubig** ist (analog § 54 III HGB). Nachforschungspflichten treffen ihn aber keinesfalls.

IV. Übungsfall

Fall 3

Um sich mit den Fahreigenschaften eines neuen Models vertraut zu machen, will C – Inhaber des Cabrio-Handels C – selbst eine Probefahrt unternehmen. Er bittet seinen Freund F, während seiner Abwesenheit den „Laden zu hüten" und etwaige Kunden um Geduld zu ersuchen – er, C, werde alsbald zurückkehren. F brauche deshalb auch nicht die in seinem Salon übliche und einheitliche Kleidung zu tragen.

F, dem sein neuer „Job" als Berater und Verkäufer Spaß macht, zeigt sich geschäftstüchtig: Der nicht lange auf sich warten lassende Kunde K – der den Cabrio-Handel C gut kennt – findet Interesse an einem VW-Käfer, und F und K kommen schnell darin überein, dass der angeschlagene Preis von 20.000 Euro wohl doch zu hoch kalkuliert war. Man einigt sich deshalb bei 15.000 Euro, ein entsprechender Kaufvertrag wird unterschrieben, und K fährt mit dem VW-Käfer samt Papieren glücklich vom Hof. Ebenso glücklich ist F, der dem – auch glücklich ob der schönen Probefahrt – zurückkehrenden C stolz von seinen Verkaufskünsten berichtet. Die Zufriedenheit des C wandelt sich daraufhin jedoch in ihr Gegenteil. Er verlangt von K das Auto heraus. Zu Recht?

Lösungsvorschlag

I. C könnte gegen K einen Anspruch auf Herausgabe des Besitzes am Auto aus § 985 BGB haben.

1. K ist Besitzer des Autos.

2. Ob C jedoch noch Eigentümer ist, erscheint fraglich. Er könnte es an K gemäß § 929 S. 1 BGB durch Einigung und Übergabe verloren haben. Freilich hat er nicht selbst gehandelt, möglicherweise wurde er aber wirksam durch F vertreten.

a. Aus den Umständen, § 164 I 2 BGB, ergibt sich, dass F eine eigene Willenserklärung im Namen des C (Offenkundigkeitsprinzip) abgegeben hat, § 164 I 1 BGB.

b. Jedoch war F nicht durch C zum Verkauf bevollmächtigt. In der Bitte, den „Laden zu hüten" kann keine konkludente Erteilung von Vertretungsmacht gesehen werden. Freilich könnte zu Gunsten des K eine Scheinvollmacht gemäß § 56 HGB vorliegen.

aa. Der Salon für Cabrios ist ein Laden, da er dem Publikum offen stehen und dem Verkauf dient.

bb. F muss *angestellt* sein. Dafür ist aber kein arbeitsrechtliches Verhältnis von Nöten. Vielmehr reicht aus, dass F mit Wissen und Wollen des C im Laden mit dem Publikum verkehrte.

cc. F tätigte auch einen üblichen Verkauf. § 56 HGB bezieht sich nicht nur auf schuldrechtliche, sondern auch auf entsprechende dingliche Geschäfte.

dd. K muss auch gutgläubig gewesen sein. Möglicherweise hätte er schon, weil F keine Firmenbekleidung trug, auf fehlende Vertretungsmacht schließen müssen; dies umso mehr, als ihm der Laden bekannt war. Allerdings schützt der § 56 HGB nicht nur „Fremde", sondern auch denjenigen, der Personal und Unternehmen bereits kennt. Erst deutliche Warnsignale vermögen die Unredlichkeit eines Kunden zu begründen. Ob ein Angestellter Firmenbekleidung trägt oder nicht, ist in diesem Zusammenhang mithin von geringer Relevanz. Im Übrigen hat der Dritte grundsätzlich keine Nachforschungspflichten, so dass K auch nicht aufgrund des niedrigen Preises hätte stutzig werden müssen. Er war daher gutgläubig, § 54 III HGB analog.

ee. Somit gilt F als ermächtigt im Sinne von § 56 HGB. K kann sich daher auf den Rechtsschein der Bevollmächtigung des F durch C berufen.

c. Die dingliche Einigung wirkt mithin zwischen K und C. Mit Übergabe des Fahrzeugs verlor C sein Eigentum.

3. Ein Anspruch des C aus § 985 BGB scheidet deshalb aus.

II. Ein Anspruch aus § 1007 I BGB scheidet aus, weil K bei Besitzerwerb nicht bösgläubig war.

III. C könnte gegen K jedoch einen Anspruch auf Herausgabe des Besitzes nach § 1007 II 1 BGB haben.

1. C war früherer Besitzer der Sache, F nur Besitzdiener, § 855 BGB.

2. Zweifelhaft ist jedoch, ob die Sache abhanden gekommen ist. Dafür spricht, dass F sie ohne Wissen und Wollen des C weggegeben hat; dagegen jedoch die Wertung des § 56 HGB. Danach ist die Sache gerade nicht abhanden gekommen; vielmehr billigt die Rechtsordnung den Besitzwechsel.

3. Im Übrigen ist K auch Eigentümer geworden, so dass der Anspruch auch an § 1007 II 1 aE BGB scheitert.

IV. Endlich ist an einen Anspruch des C gegen K aus Leistungskondiktion, § 812 I 1, Fall 1 BGB zu denken. Jedoch ist der schuldrechtliche Vertrag zwischen K und C ebenso wirksam wie die dingliche Einigung, so dass ein Rechtsgrund für die Leistung des C vorliegt. Der Anspruch scheidet deshalb aus.

V. **Ergebnis:** C fordert zu Unrecht das Auto von K heraus.

V. Wiederholung

1. Überblick

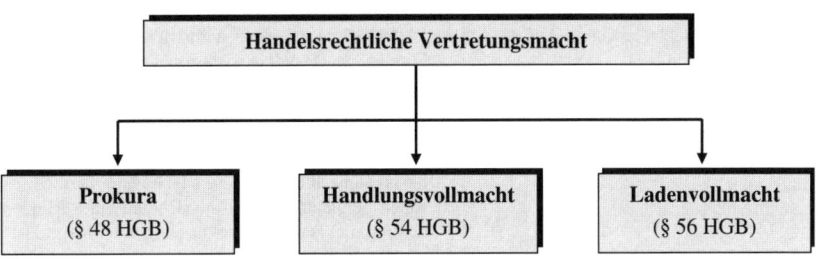

Machen Sie sich jetzt klar, dass namentlich die Prokura im Vergleich zu allgemeinen Stellvertretungsregeln etwas „Besonderes" ist, weil deren *Umfang* gesetzlich festgelegt ist. Der Umfang der Handlungsvollmacht ist zwar für einzelne Arten typisiert, kann jedoch grundsätzlich vom Vertretenen modifiziert werden. Etwaige Beschränkungen sind allerdings der Gutglaubensschutzregelung des § 54 III HGB unterworfen. Ladenangestellte endlich werden durch § 56 HGB mit einer Scheinvollmacht versehen.

2. Fragen und Antworten

1	Welche Vollmachten modifizieren die allgemeinen Regeln?	Prokura, Handlungsvollmacht und Scheinvollmacht des Ladenangestellten.
2	Wie wird Prokura erteilt?	Ausdrücklich und persönlich durch den Kaufmann.
3	Gibt es demnach eine Duldungsprokura?	Nein.
4	Ist die Vertretungsmacht des Prokuristen auf einfache und gewöhnliche Geschäfte, die in einem kaufmännischen Unternehmen vorkommen, beschränkt?	Nein, der Prokurist kann alle Rechtshandlungen vornehmen, die in irgendeinem – also nicht notwendig des konkret betriebenen – Handelsgewerbe vorkommen können.
5	Hängt die Wirksamkeit handelsrechtlicher Vollmachten von der Wirksamkeit des Grundverhältnisses ab?	Nein, es gelten die allgemeinen Vorschriften, insbesondere das Abstraktionsprinzip. Ist z. B. der Arbeitsvertrag nichtig, berührt dies den Bestand einer etwaigen Prokura nicht. Beachten Sie, dass das Erlöschen der Vollmacht sich im Zweifel aber nach den Erlöschensgründen des Grundverhältnisses richtet, 168 S. 1 BGB.
6	Darf ein Prokurist Insolvenz anmelden?	Nein, diese Handlung ist auf die Einstellung des Betriebs gerichtet und deshalb nicht von der Prokura gedeckt.

7 Kann die Prokura rechtsgeschäftlich beschränkt werden?

Nein, im Außenverhältnis sind Beschränkungen unwirksam, § 50 HGB. Möglich ist jedoch, die persönliche Ausübungsbefugnis der Vollmacht an die Mitwirkung weiterer Personen zu binden.

8 Kann der Umfang der Handlungsvollmacht rechtsgeschäftlich festgelegt werden?

Ja, das ist grundsätzlich möglich. Daran ändert auch § 54 I HGB nichts, denn darin werden nur bestimmte Formen der Handlungsvollmacht vertypt (legaldefiniert). Andere Formen sind jederzeit möglich.

9 Worin liegt der Sinn von § 54 III HGB?

§ 54 III HGB ist eine Gutglaubensvorschrift, die mit der Vermutung des Umfangs der vertypten Handlungsvollmachten aus § 54 I HGB korreliert. Mit ihr sollen gutgläubige Dritte hinsichtlich eines Mindestumfangs der Handlungsvollmacht geschützt werden.

10 Die Handlungsvollmacht erstreckt sich gemäß § 54 II HGB nicht auf die Aufnahme von Darlehen. Ist darunter auch die Eingehung von Bürgschaftsverbindlichkeiten zu verstehen?

Nein. Bürgschaftsverbindlichkeiten können von Handlungsbevollmächtigten eingegangen werden, wenn und soweit dies zum gewöhnlichen Geschäftsbetrieb des Handelsgewerbes gehört.

11 Sowohl Prokura als auch Handlungsvollmacht erstrecken sich regelmäßig nicht auf die Veräußerung und Belastung von Grundstücken. Gilt dies auch hinsichtlich entsprechender Verpflichtungsgeschäfte?

Sowohl § 49 II HGB also auch § 54 II HGB sind hinsichtlich entsprechender Verpflichtungsgeschäfte zur Belastung oder Veräußerung von Grundstücken analog anzuwenden.

12 Können Ankäufe im Wege einer Analogie auch unter § 56 HGB fallen?

Nein, Vollmachten für Ankäufe sind in Läden sehr viel seltener, wenn nicht untypisch. Deshalb scheidet eine Analogie aus, da insoweit keine Schutzbedürftigkeit des Verkehrs besteht.

13 Was ist ein Laden i.S.d. § 56 HGB?

Räume, die dem Publikum offen stehen und in denen der Inhaber seine Geschäfte betreibt.

14 Ist auch ein Buchhalter angestellt im Sinne von § 56 HGB?

Nein, denn sein Beschäftigungsbereich ist nach dem Willen des Geschäftsinhabers nicht der Verkaufsraum.

15 Was meint „gewöhnlich" in § 56 HGB?

Der Zusatz soll branchenfremde Geschäfte vom Anwendungsbereich der Norm ausschließen.

4. KAPITEL
DIE HANDELSFIRMA

Das Firmenrecht im engeren Sinne spielt in handelsrechtlichen Klausuren gewöhnlich **keine große Rolle**. Es gehört dennoch zur handelsrechtlichen **Allgemeinbildung**. Hinsichtlich der Haftung bei Unternehmensnachfolgen spielt die Firma eine wichtige Rolle.

I. Begriff der Firma

Die Firma ist der **Name des Kaufmanns**, unter dem er im Handelsverkehr seine Geschäfte betreibt, unterschreibt sowie klagen und verklagt werden kann, § 17 HGB. Sie ist „nur" der Handels*name* des Kaufmanns, steht hingegen **nicht für das Unternehmen** oder den Betrieb selbst. Entgegen des allgemeinen Sprachgebrauchs ist die Firma daher nie Träger von Rechten und Pflichten, sondern nur der Kaufmann allein. Dieser trägt – von Kapitalgesellschaften abgesehen – neben seinem bürgerlich-rechtlichen Namen einen zweiten, die Firma.

Merke:

> **Die Firma ist der handelsrechtliche Name des Kaufmanns**

II. Firmenbildung

1. Firmen*namens*rechtliche Voraussetzungen

a. Die Firma muss erstens gemäß § 18 I HGB zur **Kennzeichnung** des Kaufmanns **geeignet** sein. Das sind alle sprachlichen Zeichen, die im Verkehr als Name verstanden werden, nicht hingegen Bilder. In Betracht kommen eine **Personalfirma**

Bsp.: *Christan Heidenmüller AG, Siegfried Hasenklein e. K., Walter Grüner GmbH;*

eine **Sachfirma**

Bsp.: *Hoch- und Tiefbau Plauen AG, Buntlackhandel GmbH, Schweriner Baumaschinen oHG;*

oder auch **Phantasienamen**

Bsp.: *Suntoasts AG oder Warumnicht e. K.*

Insoweit gilt der Grundsatz **namensrechtlicher Gestaltungsfreiheit**.

b. Zweite (und praktisch wichtigere) Voraussetzung ist das Erfordernis der **Unterscheidungskraft**. Gemeint ist die abstrakte und generelle Eignung der Firma, sie von anderen gleichlautenden oder ähnlichen Firmen abzugrenzen. Das hat **nichts** mit § 30 I HGB zu tun, denn diese Norm regelt die konkrete Unterscheidbarkeit gegenüber bereits bestehenden anderen Firmen. Abstrakte Unterscheidungskraft wird im Wesentlichen bei bloßen Branchen- oder Produktbezeichnungen (z. B. Holz AG) oder bei geographischen Angaben in Alleinstellung (z. B. Berlin AG) verneint, da insoweit ein Freihaltebedürfnis besteht.
Dieses Merkmal ist im hohen Maße einzelfallabgängig. Die Registergerichte bitten in diesem Zusammenhang häufig die IHK um Stellungnahme.

Bsp.: *"DVD-rent" ist nicht unterscheidungsfähig, außerdem besteht ein Freihaltebedürfnis. "Fast Food e. K." oder "Computer AG" dürften ebenfalls nicht mit § 18 I HGB vereinbar sein.*

2. Firmen*ordnungs*rechtliche Voraussetzungen

Sind die zwei Voraussetzungen des § 18 I HGB erfüllt, liegt eine zulässige Firma im abstrakten Sinne vor. Ob sie im **konkreten Einzelfall** auch zulässig ist, bestimmt das einschlägige **Firmen*ordnungs*recht**. Folgende Grundsätze sind zu beachten:

a. Grundsatz der Firmenwahrheit

Die Firma muss wahr sein. Sie darf weder über die Art des Geschäfts, noch über dessen Umfang oder Größe irreführen, § 18 II HGB. Insbesondere sind Zusätze, die geeignet sind, Täuschungen im Rechtsverkehr hervorzurufen, verboten. Aus §§ 19 HGB, 4 AktG und 4 GmbHG ergibt sich sogar die umgekehrte Pflicht zur Offenlegung der Haftungsverhältnisse durch **Angabe der Rechtsform in der Firma**. Dem Grundsatz der Firmenwahrheit dient außerdem das Verbot der Veräußerung der Firma ohne das Handelsgeschäft, § 23 HGB.

b. Grundsatz der Firmenbeständigkeit oder Firmenkontinuität

Der Grundsatz der Firmenbeständigkeit **schränkt** den der **Firmenwahrheit ein**, denn in bestimmten Fällen darf die Firma unverändert fortbestehen, obwohl sie unwahr geworden ist. Das ist immer dann relevant, wenn die Firma den Namen des Inhabers enthält. Nun kann sich der Name des Inhabers ändern, § 21 HGB, ein Gesellschafter kann ein- oder austreten, § 24 HGB, oder der Inhaber des Handelsgewerbes kann ganz wechseln, § 22 HGB. In allen Fällen stellt die Firma einen Vermögenswert dar, den es auch unter Durchbrechung der Firmenwahrheit zu schützen gilt.

c. Firmenausschließlichkeit

Um der Verwechslungsgefahr vorzubeugen, muss sich jede neue Firma von **bereits am gleichen Ort bestehenden** deutlich **unterscheiden**, § 30 I HGB. Entscheidend ist grundsätzlich das Prioritätsprinzip: Wer zuerst war, bleibt.

d. Firmeneinheit

Nicht im Gesetz steht, aber von Rechtsprechung und Literatur entwickelt wurde, dass ein Kaufmann für *ein* Unternehmen im Rechtsverkehr **nur *eine* Firma** führen darf. Dieser Grundsatz ist für Einzelkaufleute zwar zweifelhaft (s. u.), auf Gesellschaften aber regelmäßig anzuwenden. Vom Schutzzweck her soll der Grundsatz der Firmeneinheit eine Beeinträchtigung der **Klarheit der Haftungsverhältnisse** vermeiden.

> *Bsp.: Führt die X GmbH ein von ihr erworbenes Handelsgeschäft unter der bisherigen Firma, Y GmbH, fort, so kann der falsche Eindruck entstehen, es seien zwei unterschiedliche Haftungsträger vorhanden. In Wahrheit besteht aber nur ein Rechtssubjekt mit entsprechendem Stammkapital; die Krise des einen Geschäfts betrifft gleichzeitig das vermeintlich andere.*

Bei **Einzelkaufleuten** besteht diese Gefahr grundsätzlich nicht, denn diese können außerhalb des geschäftlichen Bereichs *beliebige* Schulden machen, so dass Gläubiger immer mit "Überraschungen" rechnen müssen. Insoweit ist also gerade **keine** erhöhte **Irreführungsgefahr** gegeben, so dass der Grundsatz der Firmeneinheit im Bezug auf Einzelkaufleute durchaus bezweifelt werden kann.

e. Firmenöffentlichkeit

Die Firma muss der Öffentlichkeit **kundgegeben** werden, namentlich durch **Eintragung im Handelsregister** (vgl. nur die §§ 29, 31 I und II HGB). Außerdem bestehen bestimmte Anforderung hinsichtlich der Angaben auf den **Briefköpfen** (vgl. nur die §§ 37a, 125a HGB, 35a GmbHG und 80 AktG).

III. Firmenschutz

Als Vermögenswert wird der Name des Kaufmanns gesetzlich geschützt.

1. Markenrechtlicher Schutz, § 15 MarkenG

Bei weitem größte praktische Relevanz hat der Schutz der Firma nach markenrechtlichen Vorschriften. Dies ist grundsätzlich deshalb möglich, weil die Firma **geschäftliche Bezeichnung** im Sinne von § 15 MarkenG ist. Die Voraussetzungen von **§ 15 IV MarkenG** sind im Einzelnen:

- geschäftliche Bezeichnung
- Verwendung der Marke im geschäftlichen Verkehr
- Verwechslungsgefahr.

2. Firmenmissbrauchsverfahren, § 37 I HGB

Das Firmenmissbrauchsverfahren ist ein **registerrechtliches Verfahren**. Das Gericht wird von Amts wegen tätig, wenn zwei Voraussetzungen erfüllt sind:

- Unzulässigkeit der Firma am Maßstab handelsrechtlicher Firmenbildungsgrundsätze,
- Gebrauch der Firma.

3. Unterlassungsanspruch, § 37 II HGB

Zusätzlich gewährt **§ 37 II HGB** demjenigen, der durch unbefugten Firmengebrauch in seinen Rechten verletzt wird, einen **Unterlassungsanspruch**. Da das verletzte Recht praktisch immer ein Markenrecht ist, hat dieser Anspruch neben § 15 IV MarkenG oder § 12 BGB kaum praktische Bedeutung.

4. Zu denken ist ferner an Ansprüche aus den §§ 3, 8 UWG und 823 I, II BGB.

IV. Wiederholung

1. Überblick

- Die für Klausuren wichtigste firmenrechtliche Norm ist **§ 17 I HGB**. Sie stellt klar, dass die **Firma der Name des Kaufmanns** ist. Mit Parteifähigkeit hat das nichts zu tun! Oft wird firmenrechtlich nicht mehr verlangt, als § 17 I HGB zu zitieren.
- Firmennamensrechtlich ist das Kriterium der **Unterscheidbarkeit**, das jedenfalls dann zu verneinen ist, wenn ein Freihaltebedürfnis besteht, zentral.
- Firmenordnungsrechtlich kommen fünf Grundsätze der Firmenbildung ins Spiel. Der wichtigste unter ihnen ist der der **Firmenwahrheit**. Er wird durch den der Firmenbeständigkeit eingeschränkt.
- Endlich wird die Firma durch § 37 I und II HGB und § 15 IV MarkenG **geschützt**.

2. Wiederholungsfragen

1 Was ist die Firma?

Der Name des Kaufmanns, unter dem er seine Geschäfte betreibt und unterschreibt, § 17 I HGB.

2 Hat eine GmbH wie der Einzelkaufmann auch zwei Namen?

Nein, sie hat nur die Firma, jedoch keinen bürgerlichrechtlichen, da eine GmbH keine natürliche Person ist.

3 Ist die Firma Träger von Rechten und Pflichten?

Nein, Träger von Rechten und Pflichten ist nur der Inhaber des Unternehmens, also der Kaufmann selbst.

4 Kann auch ein Phantasiename als Firma gewählt werden?

Ja, es gilt der Grundsatz firmenrechtlicher Gestaltungsfreiheit.

5 Welche sind die 5 Grundsätze der Firmenbildung?

Firmenwahrheit, Firmenbeständigkeit, Firmenausschließlichkeit, Firmeneinheit und Firmenöffentlichkeit

6 Welche zwingende Vorschrift schränkt die Gestaltungsfreiheit bei der Firmenbildung ein?

§ 19 HGB. Aus der Firma muss die Rechtsform des Kaufmanns hervorgehen, damit der Verkehr die Haftungsverhältnisse ersehen kann.

7 Worin äußert sich der Grundsatz der Firmenöffentlichkeit?

Firma und Ort der Handelsniederlassung des Kaufmanns müssen im Handelsregister kundgemacht werden, § 29 HGB. Außerdem sind auf dem Geschäftsbriefpapier des Kaufmanns bestimmte Angaben vorgeschrieben, vgl. § 37a HGB.

8 Welches Prinzip liegt § 30 I HGB zu Grunde?

Das Prioritätsprinzip.

9 Hat der Unterlassungsanspruch aus § 37 II HGB große praktische Bedeutung?

Nein, weil der Grundsatz der Firmenausschließlichkeit nach § 30 HGB auf den räumlichen Geltungsbereich des *einen* Handelsregister beschränkt ist. Die Verwechslungsgefahr wird daher räumlich nur sehr eingeschränkt überprüft. § 15 IV MarkenG ist insofern weitaus effizienter.

10 Wieso ist grds. § 15 MarkenG für den Schutz der Firma einschlägig?

Weil die Firma eine geschäftliche Bezeichnung im Sinne von § 15 MarkenG ist.

5. KAPITEL
DER WECHSEL DES UNTERNEHMENSTRÄGERS

Unternehmen rechtsgeschäftlich zu übertragen, bringt eine Vielzahl teilweise komplizierter Probleme mit sich. Das Handelsgesetzbuch behandelt diesen Themenkomplex nur außerordentlich kurz und fragmentarisch, indem es in den **§§ 25 – 28 HGB** einen Teilkomplex, nämlich **Haftungsfragen**, regelt. Wir werden darüber hinaus auch im Überblick den Erwerb eines Unternehmens als solchen darstellen.

I. Begriff des Unternehmens

Das Unternehmen ist eine **organisatorisch-wirtschaftliche Einheit aus personellen und sachlichen Mitteln**. Zu ihm gehören demnach

- materielle Werte (Grundstücke, Einrichtungsgegenstände)
- immaterielle Werte (Geschäftsgeheimnisse, Ansehen) sowie
- Arbeitnehmer.

Nicht das Unternehmen selbst ist – man kann es nicht oft genug sagen – Träger von Rechten und Pflichten, sondern vielmehr dessen Inhaber, der Kaufmann.

II. Unternehmenserwerb

Die rechtsgeschäftliche Übertragung eines Unternehmens ist an sich **keine** handelsrechtliche Spezialmaterie. Sie wird nach allgemeinem Zivilrecht behandelt. Die Grundprinzipien sind folgende:

1. Verpflichtungsgeschäft

Ob Kauf-, Tausch- oder Schenkungsvertrag, das Unternehmen als Ganzes kann Gegenstand eines **einzigen** Verpflichtungsgeschäfts sein. Dieses bedarf grundsätzlich **keiner besonderen Form**, es sei denn, allgemeine Vorschriften stehen entgegen.

> *Bsp.: Gehört zum Unternehmen ein Grundstück, ist § 311b I BGB zu beachten. Stellt das Unternehmen das ganze gegenwärtige Vermögen des Veräußernden dar, ist an § 311b II BGB zu denken.*

Die bisher teilweise nur analoge Anwendung der Sach- und Rechtsmängelgewährleistung auf den Unternehmenskauf ist durch § 453 I, Fall 2 BGB nun im Gesetz festgeschrieben. Es gelten §§ 433 ff. BGB. Ob und inwieweit daneben eine Haftung des Verkäufers wegen Verletzung von Aufklärungspflichten gemäß §§ 280 I, 241 II, 311 II Nr. 1 BGB in Betracht kommt, ist umstritten. Diese Frage kann hier nicht vertieft werden.

Für den Unternehmenskauf von zentraler Bedeutung ist über das gesetzliche Gewährleistungsrecht hinaus jedoch die Haftung aus selbständigen Garantieversprechen.

2. Verfügungsgeschäft

Das sachenrechtliche **Spezialitätsprinzip** erfordert, dass einzelne Bestandteile des Unternehmens durch einzelne Verfügungsgeschäfte übertragen werden. Grundstücke müssen also durch Auflassung und Eintragung ins Grundbuch, bewegliche Sachen durch Einigung und Übergabe und Forderungen durch Abtretung übertragen, Schulden schließlich vertraglich übernommen werden, wenn nicht eine Gesamtrechtsnachfolge, etwa nach dem Umwandlungsgesetz, eintritt.

III. Haftung beim Wechsel des Unternehmensträgers

Die Regelungen des Handelsgesetzbuches in den §§ 25 – 28 HGB betreffen

- die Haftung des Übernehmers eines kaufmännischen Unternehmens gegenüber Altschuldnern und
- die Stellung der Altschuldner.

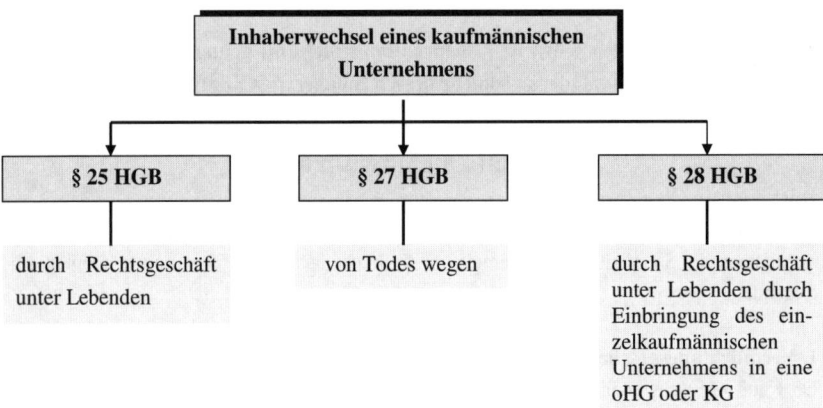

1. Haftung des Erwerbes für Altschulden, § 25 I 1 HGB

a. Grundsätzliches

aa. § 25 I 1 HGB ist Ausdruck eines **gesetzlichen Schuldbeitritts** und erweitert auf diesem Wege den Kreis der Gläubiger der Geschäftsschulden des bisherigen Inhabers um den Erwerber des Handelsunternehmens. Diese Norm ist eine „**Haftungserweiterungsregel**".

Bsp.: Kaufmann V veräußert sein Unternehmen „Cabrio-Handel V" an den Kaufmann K, der es unter dieser Firma mit Billigung des V, § 22 I HGB, fortführt. Schon vor dem Unternehmensübergang hatte C sein Cabrio an V verkauft, ohne den Kaufpreis erhalten zu haben. C kann gemäß §§ 433 II BGB, 25 I 1 HGB nunmehr auch K in Anspruch nehmen. „Auch" heißt, dass V grundsätzlich weiter haftet; der Anspruch muss allerdings innerhalb von 5 Jahren gerichtlich geltend gemacht werden, § 26 HGB.

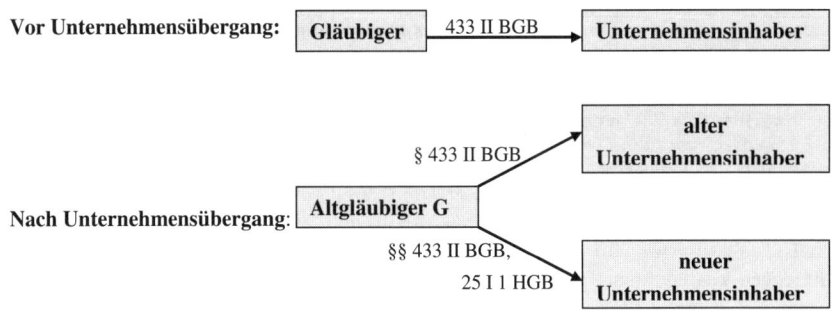

bb. Bis heute ist die Frage nach dem **Zweck von § 25 I 1 HGB** – und, ob ein solcher überhaupt existiert – Gegenstand heftiger Kontroversen: Willenserklärungs-, Rechtsschein-, Haftungsfonds- und Kontinuitätstheorien werden vertreten. Am ehesten, weil mit dem Wortlaut der §§ 25 ff. HGB in keinem Konflikt stehend, wird man festhalten können: § 25 I 1 HGB dient dem Schutz der Haftungserwartungen des Verkehrs, namentlich dem **Schutz der Altgläubiger**. Denn wenn das Handelsgeschäft unter Beibehaltung der Firma fortgeführt wird, geht der Verkehr wohl von einer Kontinuität der Haftung der Unternehmensmasse aus. Dieser gute Glaube des „Verkehrs" bezieht sich freilich auf eine *falsche* Rechtsansicht, da der Unternehmens*träger* und *nicht* das Unternehmen haftet. Insofern ist schon die **ratio legis** von § 25 I 1 HGB **problematisch**. Auch unter Billigkeitsgesichtspunkten kann man zweifeln: Warum soll den Altgläubigern, deren Forderungen gegen den bisherigen Inhaber wertlos (z. B. wegen Insolvenz) waren, mehr oder weniger zufällig ein neuer – nunmehr solventer – Schuldner zur Seite stehen? Auch „**Haftungsfallen**" drohen.

Bsp.: Hat unser Kaufmann V aus dem vorherigen Beispiel außerdem bei der Bank B ein Darlehen in Höhe von Euro 5.000.000,00 aufgenommen, so tritt der nicht professionell beratene K auch dieser Verbindlichkeit als Schuldner bei, § 25 I 1 HGB.

cc. Die Haftung des Erwerbers des Unternehmens ist freilich nicht unumgänglich. Ihm stehen nämlich auch Gegenrechte zu, insbesondere kann ein **Haftungsausschluss** gemäß § 25 II HGB vereinbart werden. Jedoch wird daran häufig dann nicht gedacht, wenn potentielle Verbindlichkeiten nicht in Sicht sind, so dass § 25 II HGB an der „Gefährlichkeit" von § 25 I 1 HGB grundsätzlich nichts zu ändern vermag.

Neben eigenen Gegenrechten kann der Neugläubiger (Erwerber oder Übernehmer) freilich auch diejenigen Gegenrechte geltend machen, die in der Person des früheren Inhabers zum Zeitpunkt des Geschäftsübergangs bestanden, **§ 417 I 1 BGB analog**.

dd. Alle Schutzmechanismen ändern am Problem, nämlich, dass die Rechtsfolgen des § 25 I 1 HGB rechtspolitisch zweifelhaft sind, nichts. Deshalb ist diese Vorschrift grundsätzlich **restriktiv auszulegen**. Im Einzelnen:

b. Tatbestandsvoraussetzungen

aa. Erste Voraussetzung ist der **Erwerb eines Handelsgeschäfts** (unter Lebenden). **Erworben** ist das Handelsgeschäft schon dann, wenn der Verkehr den Eindruck hat, jemand sei in die Stellung des bisherigen Inhabers eingerückt.

> *Bsp.: Am 10.06.2008 verpachtet V sein Unternehmen an P, der sofort unter Beibehaltung der bisherigen Firma den Betrieb übernimmt. Am 10.08.2008 endet die Pacht, und V wird wiederum selbst als Unternehmer tätig. Nach § 25 I 1 HGB haftet P für die Altschulden aus dem Geschäftsbetrieb vor dem 10.06.2008, aber auch gegen V wirkt § 25 I 1 HGB, und zwar hinsichtlich der Schulden des P aus dem Geschäftsbetrieb für die Zeit zwischen 10.06. und 10.08.2008.*

Auf die Rechtsnatur, ob **Kauf, Tausch, Schenkung, Treuhand oder Pacht**, des zugrunde liegenden Vertrags kommt es nicht an. Streitig ist, ob § 25 I 1 HGB auch dann Anwendung findet, wenn dieser oder der **dingliche** Übertragungsakt **unwirksam** sind. Die herrschende Ansicht bejaht dies. In der Tat hängt der Eindruck des Verkehrs hinsichtlich des Einrückens des Erwerbers in die Stellung des bisherigen Inhabers nicht von der Wirksamkeit geschlossener Verträge ab. Dennoch ist im Hinblick auf die rechtspolitische Fragwürdigkeit von § 25 I 1 HGB eine **restriktivere Auslegung** vorzugswürdig. Die Unwirksamkeit des Erwerbs kann eine besondere Schutzwürdigkeit des Erwerbers mit sich bringen, so, wenn er etwa arglistig getäuscht wurde. Jedenfalls in diesen Fällen ist § 25 I 1 HGB außer Anwendung zu lassen. Das gleiche gilt beim Erwerb eines Handelsgeschäfts im Insolvenzverfahren, denn eine solche Veräußerung kommt aus Sicht der Altgläubiger einer Liquidation gleich, aus dessen Erlös sie befriedigt werden.

bb. Zweitens muss das Handelsgeschäft fortgeführt und die **bisherige Firma beibehalten** werden. Eine wort- oder buchstabengetreue Übereinstimmung zwischen alter und neuer Firma ist aber nicht erforderlich. Entscheidend ist, ob der Verkehr die neue Firma noch mit der alten identifiziert. Das dürfte der Fall sein, wenn **„Kern"** sowie prägende Zusätze (Wertung des § 19 HGB) der Firma gleich bleiben. Also: Wird etwa ein Vorname des Unternehmensträgers weggelassen, schadet dies nicht.

> *Bsp.: Die Firma „Cabrio-Handel Heinz Harald Hegelmann e. K." wird unter „Hegelmann Cabrio-Handel e. K." weitergeführt. – § 25 I 1 HGB ist anwendbar. Wird sie hingegen unter „Cabrio-Handel Heinz Harald Hegelmann GmbH" fortgeführt, scheidet § 25 I 1 HGB schon aufgrund des Wechsels der Rechtsform aus.*

cc. Sowohl Käufer als auch Verkäufer müssen **Kaufleute** sein, denn nur diese können eine Firma nach § 17 I HGB haben. Eine analoge Anwendung auf nichtkaufmännische Unternehmensträger ist abzulehnen, denn diese brauchen mit den enormen Risiken des § 25 I 1 HGB in Gestalt gesetzlicher Haftung für fremde Schuld nicht zu rechnen.

c. Haftungsausschluss gemäß § 25 II HGB

Die Haftung des Erwerbers nach § 25 I 1 HGB kann durch Vereinbarung zwischen diesem und dem früheren Inhaber ausgeschlossen werden. Zur Wirksamkeit gegenüber dem Dritten bedarf es freilich deren *unverzüglicher* **Eintragung** in das Handelsregister und Bekanntmachung resp. entsprechende Mitteilung an den Dritten. **Verzögern** sich Eintragung oder Bekanntmachung ohne Verschulden des Erwerbers, hindert dies nach herrschender Ansicht die Wirksamkeit des Haftungsausschlusses. Dann fehlt es jedoch an einem überzeugenden Zurechnungsgrund für die Haftung. Außerdem soll, wenn der Dritte **auf andere Weise** als durch Mitteilung *durch Veräußerer oder Erwerber* von der Vereinbarung eines Haftungsausschlusses erfahren hat, dieser nicht wirksam sein. Der Dritte ist jedoch im Falle positiver Kenntnis des gewollten Haftungsausschlusses nicht schutzwürdig.

Beide Auffassungen führen zu einer Erweiterung des Anwendungsbereichs von § 25 I 1 HGB und sind daher zweifelhaft. Vorzugswürdig erscheint deshalb eine großzügigere Auslegung von § 25 II HGB im Hinblick auf restriktive Handhabung von § 25 I 1 HGB. Demnach ist entgegen der herrschenden Ansicht richtig, dass die Haftungsbeschränkung auch dann wirksam wird,

- wenn sich deren Eintragung oder Bekanntmachung ohne Verschulden des Erwerbers verzögert und
- wenn der Dritte auf andere Art und Weise als durch Mitteilung seitens des Erwerbers oder Veräußerers von ihr erfahren hat.

d. Rechtsfolgen des § 25 I 1 HGB

Aus § 25 I 1 HGB folgt eine **unbeschränkte persönliche Haftung** des Erwerbers mit seinem gesamten Vermögen für alle im Betrieb des Geschäfts begründeten Verbindlichkeiten (Altschulden) des früheren Inhabers. Dabei ist deren Rechtsgrund, ob Vertrag, Bereicherung oder Delikt, gleichgültig. Dass rechtsgeschäftliche Verbindlichkeiten im Betrieb des Geschäfts begründet wurden, wird überdies vermutet, § 344 HGB.

e. Zusammenfassung

Hier noch einmal § 25 I 1 HGB im Überblick:

- kaufmännisches Handelsgewerbe
- Erwerb unter lebenden Kaufleuten (weite Fassung des rechtsgeschäftl. „Erwerbs")
- Fortführung des Handelsgeschäfts und vor allem der Firma („Kern" + „Zusätze")
- Haftungsausschluss nach § 25 II HGB? (großzügige Auslegung)
- Rechtsfolgen: unbeschränkte persönliche Haftung für geschäftliche Altschulden

2. Die Enthaftungsregel des § 26 HGB

a. Infolge § 25 I 1 HGB wird der Veräußerer nicht etwa von der Haftung für seine Verbindlichkeiten frei, vielmehr bleibt er seinen Gläubigern weiterhin verpflichtet. Dieser Grundsatz findet Einschnitte durch die Enthaftungsregel des § 26 HGB. Nach dieser Vorschrift haftet der Veräußerer für frühere Verbindlichkeiten nur, wenn sie vor Ablauf von **fünf Jahren** fällig und daraus Ansprüche gegen ihn gerichtlich geltend gemacht sind. Für den Fristlauf gilt § 26 I 2 HGB.

b. Die **Rechtsfolgen** dieser Enthaftungsregelung sind sehr weitreichend. So darf man nicht übersehen, dass der Gläubiger nicht nur den Anspruch gegen seinen Schuldner verliert, sondern auch seine **Sicherheiten**. So geht eine Bürgschaft mit Erlöschen der Hauptschuld unter, die Hypothek auf den Besteller über, und hinsichtlich nicht-akzessorischer Rechte entsteht dem Sicherungsgeber ein Anspruch auf Rückübertragung.

Das ganze Ausmaß der Problematik von § 26 HGB zeigt sich bei Verbindlichkeiten, die überhaupt erst **nach** Ablauf der 5-Jahresfrist fällig werden, so zum Beispiel bei langfristigen Darlehen. Hier wird dem Gläubiger von vornherein die Möglichkeit genommen, seinen Anspruch gegen seinen Schuldner durchzusetzen. Vielmehr wird ihm ohne sein Zutun ein **neuer Schuldner aufgezwungen**. Das **widerspricht** dem Grundsatz der **Privatautonomie** und ist insbesondere mit Art. 14 GG nur schwerlich vereinbar. Um die Norm im Wege verfassungskonformer Auslegung zu retten, wird überzeugend folgende Lösung vorgeschlagen: Man erlaubt dem Gläubiger, auf den Schutz des § 25 I 1 HGB zu verzichten. Konsequenz des Verzichts ist, dass folgerichtig die Enthaftungsregel des § 26 HGB nicht eingreift.

Wird kein Verzicht erklärt, ist § 26 HGB überdies restriktiv auszulegen; bei Ansprüchen aus Delikt, zum Beispiel, ist die Vorschrift im Wege teleologischer Reduktion nicht anzuwenden, was der Regelung bei der Haftung ausscheidender Gesellschafter nach § 160 HGB entspricht. Um die Härten des § 26 HGB weiter auszugleichen, kommt in Analogie zu § 22 UmwG ein Anspruch des Gläubigers auf Sicherheitsleistung in Betracht. § 26 HGB kann auch durch Vereinbarung zwischen Veräußerer und Gläubigern (nicht: Erwerber) abbedungen werden.

3. Schutz der Altschuldner gemäß § 25 I 2 HGB

Im Interesse umfassenden Verkehrsschutzes gelten nach § 25 I 2 HGB die im Betrieb eines Handelsgewerbes begründeten Forderungen als auf den Erwerber übergegangen. Richtig sieht die herrschende Auffassung darin nicht etwa eine gesetzlich vertypte Abtretung, sondern eine bloße **Schuldnerschutzvorschrift**, namentlich einen **gesetzlichen Rechtsscheintatbestand**. Welche Sachverhalte gemeint sind, zeigt das folgende

Bsp.: Dem Unternehmensinhaber U steht gegen D eine Forderung in Höhe von 20.000 Euro zu. U verkauft sein Unternehmen an E, der die bisherige Firma fortführen darf. Zahlt D jetzt an E, wird D von seiner Schuld frei, denn nach § 25 I 2 HGB galt die Forderung als auf E übergegangen, so dass er an den richtigen Gläubiger leistete.

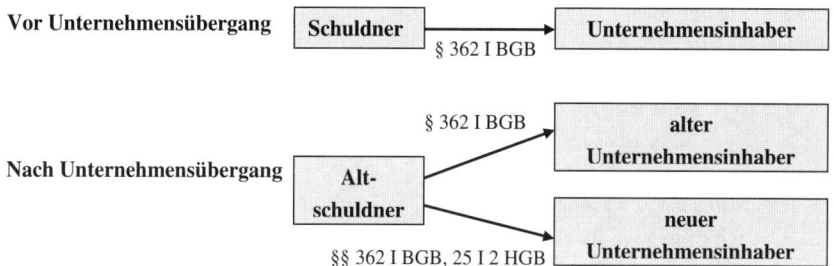

a. Voraussetzungen

aa. § 25 I 2 HGB erfordert über die Voraussetzungen des 1. Satzes hinaus, dass der Veräußerer sein **Einverständnis mit der Firmenfortführung** erklärt hat.

bb. Allerdings ist die Norm in einigen Fällen nicht anwendbar; so nach herrschender Auffassung, wenn die Forderung einem **Abtretungsverbot** unterliegt.

> *Bsp.: Im Bsp. von eben unterstellen wir, dass D und U wirksam ein Abtretungsverbot vereinbart hatten. In diesem Fall votiert die herrschende Meinung für Unanwendbarkeit von § 25 I 2 HGB, so dass D nicht mit schuldbefreiender Wirkung an E leisten könnte.*

Dem ist nicht zu folgen, denn der Schuldner glaubt, da sich die Firma des Unternehmens nicht ändert, an den bisherigen Unternehmensinhaber zu leisten, ganz gleich, ob er ein Abtretungsverbot vereinbart hatte oder nicht. Deshalb ist er schutzwürdig und § 25 I 2 HGB einschlägig. Etwas anderes gilt nur, wenn die Firma mit einem Nachfolgezusatz fortgeführt wird. In diesen Fällen weiß der Dritte um den Inhaberwechsel; er weiß daher auch, dass eine Abtretung der gegen ihn gerichteten Forderung aufgrund des Abtretungsverbots unwirksam war. In diesem Fall ist der Dritte nicht schutzwürdig, § 25 I 2 HGB daher unanwendbar. Generell ist hier zu beachten, dass Abtretungsverbote im kaufmännischen Rechtsverkehr nach § 354a I HGB unwirksam sein können.

cc. Durch Eintragung und Bekanntmachung des Ausschlusses des Forderungsübergangs in das Handelsregister gemäß **25 II HGB** kann die Wirkung von § 25 I 2 HGB vermieden werden.

b. Rechtsfolgen

Konsequenz des § 25 I 2 HGB ist, dass die Forderungen den Schuldnern gegenüber **als auf den Erwerber übergegangen gelten**, so dass sie mit befreiender Wirkung an diesen leisten können. Der Veräußerer hat dann einen Anspruch auf Herausgabe des Erlangten aus § 816 II BGB.

Freilich – wenngleich entgegen der herrschenden Auffassung – können die Schuldner auch weiter an den wahren Gläubiger, den Veräußerer, leisten. Beim ihm bleibt auch weiterhin – entgegen der Ansicht des Bundesgerichtshofs – die Zuständigkeit zur Einklagung der Forderung, denn dieser kann die für die Zuständigkeit des Erwerbers streitende Vermutung des § 25 I 2 HGB widerlegen, einfach, indem er die wahre Rechtslage beweist.

c. Zusammenfassung

Und auch § 25 I 2 HGB noch einmal im Überblick:

- kaufmännisches Handelsgewerbe
- Erwerb unter lebenden Kaufleuten (weite Fassung des „Erwerbs")
- Fortführung des Handelsgeschäfts und vor allem der Firma („Kern" + „Zusätze")
- Zustimmung zur Firmenfortführung
- bei Nachfolgezusatz: Abtretungsverbot?
- Haftungsausschluss nach § 25 II HGB? (großzügige Auslegung)
- Rechtsfolge: Schuldner kann auch an Erwerber des Unternehmens mit befreiender Wirkung leisten

IV. Die Haftung bei „Eintritt" in das Geschäft eines Einzelkaufmanns, § 28 HGB

Ähnlich wie § 25 I HGB werden in § 28 I HGB auch Schuldenhaftung, Satz 1, und Forderungsübergang, Satz 2, geregelt. Der Anwendungsbereich ist jedoch ein anderer: Geregelt wird der Fall der **Gründung einer oHG oder KG**, in die ein bisheriger Einzelkaufmann sein Unternehmen **einbringt** und **fortführt**. Im Einzelnen:

1. Tatbestandsvoraussetzungen

a. Nimmt ein Einzelkaufmann einen Teilhaber in sein Handelsgeschäft auf, **entsteht** – wenn alle Gesellschafter unbeschränkt persönlich haften – eine offene Handelsgesellschaft oder – wenn ein Gesellschafter Kommanditist wird – eine Kommanditgesellschaft. Genau diese Fälle betrifft § 28 HGB. Es muss also eine **Personenhandelsgesellschaft** neu gegründet werden. Treten in bereits **bestehende** oHG oder KG weitere Gesellschafter ein, gilt nicht der § 28 HGB, sondern sind **Spezialregelungen**, zum Beispiel § 130 HGB oder §§ 173, 176 II HGB, einschlägig.

> *Bsp.: Kaufmann K und eine GmbH gründen gemeinsam die K-GmbH & Co. KG, in der K Kommanditist wird. C macht eine alte Kaufpreisforderung geltend, die ihm seiner Zeit gegen K aus einem Cabrio-Verkauf entstanden war. Er kann sie von der K-GmbH & Co. KG fordern, denn es wurde eine neue Personenhandelsgesellschaft gegründet, in der K Kommanditist und die GmbH Komplementärin wurde. § 28 HGB ist also einschlägig, so dass die K-GmbH & Co. KG auch für die Altverbindlichkeiten des K haftet.*

b. Das Geschäft des Einzelkaufmanns muss **fortgeführt** werden, wenn auch die Beibehaltung der Firma anders als in § 25 HGB nicht erforderlich ist. Das Bindeglied zwischen „altem" und „neuem" Unternehmen ist hier nämlich der bisherige Einzelkaufmann selbst, der Mitinhaber der neuen Personenhandelsgesellschaft ist.

2. Rechtsfolgen

a. Wird die Haftung nicht gemäß § 28 II HGB durch abweichende Vereinbarung der Gesellschafter und Eintragung in das Handelsregister Dritten gegenüber ausgeschlossen, **haftet** auch – neben dem bisherigen Einzelkaufmann – **die Gesellschaft** für dessen Geschäftsschulden.

b. Die herrschende Ansicht bejaht sogar eine unbeschränkte persönliche Einstandspflicht des – in der Terminologie von § 28 I 1 HGB – eingetretenen Gesellschafters gemäß § 128 HGB.

> *Bsp.: Der Cabrio-Händler C gründet mit G die C&G Cabrio oHG. Das freut D, dem gegen C eine Forderung in Höhe von Euro 50.000 aus dem Verkauf eines Cabrios zusteht. Es haften:*
> - *C aus § 433 II BGB*
> - *die oHG aus § 433 II BGB, § 28 I 1 HGB*
> - *C aus §§ 433 II BGB, 28 I 1, 128 HGB und nach herrschender Ansicht selbst*
> - *G aus §§ 433 II BGB, 28 I 1, 128 HGB.*

Eine **persönliche Haftung** des übrigen (eingetretenen) Gesellschafters folgt aber aus dem Wortlaut von § 28 I 1 HGB **keineswegs**, denn dort ist nur von der „Gesellschaft" die Rede. Eine solche Interpretation sieht sich vielmehr methodischen und teleologischen Schwierigkeiten ausgesetzt: Erstens ist einzuwenden, dass eine Anwendung von § 128 HGB auf Altschulden zur Folge hätte, dass § 130 HGB, der die Haftung des eintretenden Gesellschafters regelt, keine eigenständige Funktion hat. Das Gesetz ist aber grundsätzlich so zu interpretieren, dass jeder Norm ein Regelungsbereich verbleibt. Auch im Hinblick auf die ratio legis von § 28 HGB, also den Schutz der Haftungserwartungen des Verkehrs, muss der herrschenden Ansicht widersprochen werden, denn niemand kann vom „Beigetretenen" vernünftigerweise erwarten, dass dieser über seine in die Gesellschaft eingebrachten Werte hinaus auch mit seinem sonstigen Vermögen für geschäftliche Altschulden haftet.

Deshalb ist der Ansicht zu folgen, die es bei einer Haftung der Gesellschaft ohne persönliche Einstandspflicht des „Beigetretenen" belässt.

3. § 28 III HGB verweist hinsichtlich der **Enthaftungsregelung** auf § 26 HGB. Die dort vermerkten Bedenken gelten hier entsprechend.

Fall 4

C betreibt den C-Cabrio-Handel e. K. Er verkauft am 1. August 2008 ein gebrauchtes BMW-Cabrio an K für 15.000 Euro. Dann wird er des Handels überdrüssig und beschließt, sein ganzes Unternehmen zu veräußern. Der Käufer D ist schnell gefunden, und am 8. August 2008 übernimmt dieser das Geschäft, dessen Firma er mit Einverständnis des C weiterführen darf. C und D haben vereinbart, dass alle alten Forderungen weiterhin dem C zustehen sollen.

Davon erfährt K am 10. August 2008 durch Hörensagen. Am 13. August 2008 denkt sich D, die Forderung stünde doch eigentlich ihm zu und fordert K auf, an ihn zu zahlen. Zu Recht?

Lösungsvorschlag

I.   D ist nicht selbst durch Rechtsgeschäft Inhaber des Anspruchs gegen K aus § 433 II BGB geworden. D könnte aber Inhaber der Forderung durch Abtretung, § 398 BGB, geworden sein. Jedoch haben C und D gerade vereinbart, dass alle Forderungen weiterhin dem C zustehen sollen.

II.   Möglicherweise wirkt jedoch die Fiktion der Forderungszuständigkeit des § 25 I 2 HGB zu Gunsten des D. Dies wäre der Fall, wenn infolge der Unternehmensveräußerung des C an D die Forderung kraft gesetzlichen Rechtsscheins nunmehr D zustünde.

    1.   C-Cabrio-Handel e. K. ist ein kaufmännisches Handelsgewerbe, dass D unter Lebenden, nämlich von C, durch Kauf erworben hat.

    2.   Er führt das Handelsgeschäft und mit Zustimmung des C auch die alte Firma weiter.

    3.   Die Kaufpreisforderung ist endlich eine im Betrieb begründete Altforderung.

    4.   Allerdings könnte dem gesetzlichen Rechtsschein des § 25 I 2 HGB durch Kenntnis des K von der Vereinbarung der Forderungszuständigkeit zwischen C und D gemäß § 25 II HGB seine Grundlage entzogen sein.

       a.   Nach dem Wortlaut von § 25 II HGB führt nur eine Mitteilung durch Erwerber oder Veräußerer zur Wirksamkeit der internen Vereinbarung gegenüber Dritten. Dem pflichtet auch die herrschende Ansicht bei, so dass die Forderung gegen K nach § 25 I 2 HGB als auf D übergegangen gelten würde.

       b.   Allerdings besteht kein Grund, die gewollte Vereinbarung ohne Wirkung gegenüber Dritten zu lassen, wenn sowohl der Dritte als auch (natürlich) Veräußerer und Erwerber von ihr Kenntnis haben. Nach § 25 I 2 HGB schutzwürdige Interessen sind in diesem Fall nicht mehr gegeben. „Kenntnis" ist daher „Mitteilung" in § 25 II HGB gleichzustellen. Das zeigt auch ein Vergleich mit § 15 III HGB. Auch dort schadet Kenntnis dem Dritten. Im Rahmen von § 25 II HGB kann nichts anderes gelten: Der Dritte ist nicht schutzwürdig, wenn er vom fehlenden Forderungsübergang positive Kenntnis hat und kann mithin *nicht* mit befreiender Wirkung an den Erwerber zahlen, der Erwerber umgekehrt nicht berechtigt fordern.

       c.   Deshalb ist die Vereinbarung, nach der alle Altforderungen weiterhin C zustehen sollen, gegenüber K wirksam. Die Fiktion der Forderungszuständigkeit des D entfällt damit.

    5.   D verlangt daher zu Unrecht die Zahlung.

VI. Wiederholung

1. Überblick der Haftungsregelung

Wichtig ist, die parallele Struktur, aber unterschiedlichen Anwendungsbereiche der §§ 25 und 28 HGB zu erkennen:

- **Anwendungsbereich**

  Während § 25 HGB den Fall betrifft, dass der Unternehmensinhaber vollständig ausgewechselt wird, bringt der Einzelkaufmann in § 28 HGB sein Geschäft in eine neue Personenhandelsgesellschaft ein und bleibt insofern, jedenfalls zum Teil, Inhaber. Damit korrespondieren die Anforderungen an die Firmenfortführung. Auf sie wird in § 28 HGB verzichtet, in § 25 HGB jedoch bestanden.

- **Struktur**

  Gleiche Struktur bedeutet, dass sowohl in § 25 HGB als auch in § 28 HGB einerseits die Haftung für Altschulden angeordnet, andererseits ein gesetzlicher Rechtsschein für den Übergang von Forderungen begründet wird. Ebenso können diese Rechtsfolgen in beiden Fällen ausgeschlossen werden (unter Beachtung von Publizitätserfordernissen, Absatz 2). Auch die Enthaftungsregel des § 26 HGB des früheren Inhabers respektive des Einzelkaufmanns ist (fast) parallel.

2. Wiederholungsfragen

1	Was ist unter einem Unternehmen zu verstehen?	Ein Unternehmen ist die organisatorisch-wirtschaftliche Einheit personeller und wirtschaftlicher Mittel.
2	Ist das Unternehmen selbst Träger von Rechten und Pflichten?	Nein, nicht das Unternehmen, sondern dessen Inhaber ist Träger von Rechten und Pflichten.
3	Kann ein Unternehmen durch einen einzigen Vertrag verkauft und übertragen werden?	Zum Unternehmenserwerb mag auf schuldrechtlicher Ebene ein Kaufvertrag ausreichen. Die dingliche Übertragung der Unternehmensbestandteile erfordert nach dem sachenrechtlichen Spezialitätsprinzip jedoch gesonderte Verfügungsgeschäfte, wenn nicht ein Fall der Gesamtrechtsnachfolge vorliegt.
4	Welchen Teilbereich der Übertragung kaufmännischer Unternehmen regelt das HGB nur?	In den §§ 25 – 28 HGB werden nur Haftungsfragen geregelt, und zwar die Haftung des Übernehmers gegenüber Altschuldnern u. die Stellung der Altschuldner.
5	Welchen Inhalt hat die Regelung des § 25 I 1 HGB?	Nach § 25 I 1 HGB haftet der Erwerber eines Unternehmens, wenn er die bisherige Firma fortführt, für Altschulden aus dem Geschäftsbetrieb.
6	Nennen Sie ein Beispiel, in dem der § 25 I 1 HGB offensichtlich der Interessenlage aller Beteiligten entspricht.	Z. B. bei Nachbesserungsansprüchen, die nach einem Unternehmensübergang geltend gemacht werden. Wird das Unternehmen des B von A fortgeführt, so ist naheliegend, dass nunmehr A insoweit haftet.

7 Worin liegt aber das Hauptproblem der Regelung des § 25 I 1 HGB?

Darin, dass er den guten Glauben an die falsche Rechtsansicht der Haftung des Unternehmens schützt.

8 Welche sind die Voraussetzungen des § 25 I 1 HGB?

- Erwerb eines kaufmännischen Handelsgewerbes unter Kaufleuten
- Fortführung von Handelsgeschäft und Firma
- kein Haftungsausschluss nach § 25 II HGB

9 Worauf kann man abstellen, um festzustellen, ob die alte Firma „fortgeführt" wird?

Entscheidend ist, ob die neue Firma noch mit der alten identifiziert wird. Es kommt deshalb nur auf die Fortführung des Firmenkerns und prägender Zusätze an.

10 Wie legt die herrschende Ansicht den § 25 II HGB aus und was kann man dagegen, u. a., vortragen?

Die herrschende Ansicht legt § 25 II HGB eng aus. Konsequenz ist, dass § 25 I 1 HGB auch in zweifelhaften Fällen anwendbar ist. Unser Konzept war entgegengesetzt: Restriktive Auslegung von § 25 I 1 HGB und weite Auslegung von § 25 II HGB.

11 Welche ist die Regelungsintention von § 26 HGB?

§ 26 HGB regelt die Enthaftung des Altgläubigers, also des bisherigen Unternehmensinhabers.

12 In welchem Anwendungsbereich ist diese Norm kritikbedürftig?

In den Fällen, in denen der Gläubiger nie die Gelegenheit hatte, seine Forderung gegen seinen Schuldner geltend zu machen, ist § 26 HGB verfassungsrechtlich bedenklich. Das ist dann der Fall, wenn der Anspruch erst nach Ablauf der 5-Jahresfrist fällig wird.

13 Was regelt § 25 I 2 HGB?

Kraft gesetzlichen Rechtsscheins gelten geschäftliche Forderungen als auf den Erwerber des Unternehmens übergegangen.

14 Sind die Tatbestandsvoraussetzungen des § 25 I 2 HGB mit denen des § 25 I 1 HGB identisch?

Nein, zusätzlich wird verlangt, dass der bisherige Erwerber in die Fortführung der Firma eingewilligt hat.

15 Ist die „Einwilligung" in die Firmenfortführung nach § 25 I 2 HGB am Maßstab von § 22 I HGB zu messen?

Nein, insbesondere ist Ausdrücklichkeit nicht erforderlich.

16 Gilt § 25 I 2 HGB auch, wenn der bisherige Inhaber des Unternehmens und der Schuldner der Forderung ein Abtretungsverbot vereinbart haben.

Nach herrschender Auffassung: nein. Richtig dürfte sein, zu differenzieren: Nein nur, wenn die Firma mit einem Nachfolgezusatz fortgeführt wird, ansonsten: ja.

17 Welche sind die Tatbestandsvoraussetzungen von § 28 I 1 HGB?

- kaufmännisches Unternehmen
- Entstehung einer neuen Personenhandelsges.
- Fortführung des Geschäfts des Einzelkaufmanns
- kein Haftungsausschluss nach § 28 II HGB

18 Gilt § 28 HGB auch für den Fall, dass ein Einzelkaufmann einer bereits bestehenden oHG beitritt?

Nein, dafür gelten Spezialregelungen, zum Beispiel der § 130 HGB für den Eintritt eines oHG-Gesellschafters.

19 Welche ist die regelmäßige Rechtsfolge von § 28 I 1 HGB?

Die Gesellschaft haftet für geschäftliche Altschulden des Einzelkaufmanns.

20 Hat dies zur Folge, dass der übrige Gesellschafter auch unbeschränkt persönlich haftet?

Die herrschende Ansicht bejaht diese Frage; dagegen spricht, dass vor allem die Haftungserwartung des Verkehrs nicht auf einen zusätzlichen unbeschränkt persönlich haftenden Schuldner gerichtet ist.

6. KAPITEL
DIE SELBSTÄNDIGEN HILFSPERSONEN DES KAUFMANNS

Viele selbständige Hilfspersonen umgeben Kaufleute: Bekannte Beispiele sind der Handelsvertreter (und ihm mehr oder weniger verwandte Rechtsfiguren wie Kommissionsagenten, Vertragshändler und Franchisenehmer) und der Handelsmakler. Sie sind Gegenstand des folgenden Kapitels.

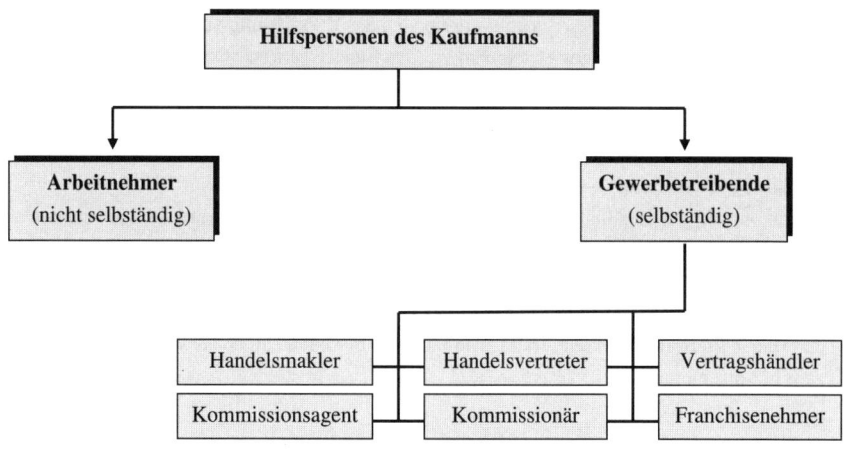

I. Der Handelsvertreter

1. Begriff

Handelsvertreter ist gemäß § 84 I 1 HGB, „wer als **selbständiger** Gewerbetreibender **ständig** damit betraut ist, für einen anderen Unternehmer **Geschäfte** zu vermitteln oder in dessen Namen abzuschließen." **Vier** Begriffsmerkmale sind daher hervorzuheben:

a. Selbständigkeit
Nach seinem **Gesamterscheinungsbild** muss der Handelsvertreter seine Tätigkeit im Wesentlichen frei gestalten und seine Arbeitszeit frei bestimmen können. Wir hatten schon darauf hingewiesen, dass sich diese Definition der Selbständigkeit in **§ 84 I 2 HGB** findet. Entscheidend kommt es hier auf die **Abgrenzung zu Arbeitnehmern** an, die gerade keine persönliche Unabhängigkeit genießen.

Hinweis: Argumentieren Sie dicht am Sachverhalt. Zu achten ist auf etwaige Provisionen statt fester Vergütungen, mehrere Auftraggeber, eigene Geschäftsräume, eigene Handelsbücher etc. All dies spricht für Selbständigkeit.

b. Gewerbe

Handelsvertreter können nur **Gewerbetreibende** sein. Der Begriff ist nicht anders als im Sinne von § 1 I HGB zu verstehen. Allerdings muss der Handelsvertreter nicht zwingend Kaufmann sein, denn nach § 84 IV HGB finden die §§ 84 ff. HGB auch auf Kleingewerbetreibende Anwendung, die nicht im Handelsregister eingetragen sind. Der Grund dafür liegt in deren besonderen Schutzwürdigkeit.

c. Gegenstand der Tätigkeit

Gegenstand der Tätigkeit des Handelsvertreters ist die **Vermittlung** von Geschäften *oder* deren **Abschluss** im Namen des Unternehmers. Der Handelsvertreter handelt also – im Gegensatz zum Kommissionär oder Vertragshändler – **im fremden Namen** und für fremde Rechnung.

d. Ständige Betrauung

Hinzukommen muss endlich die **ständige** Betrauung des Handelsvertreters durch seinen Unternehmer. Sie ist ein Dienstvertrag, und zwar in der Form eines Geschäftsbesorgungsvertrages gemäß §§ 611, 675 BGB. Dieses Begriffsmerkmal hat für das Verständnis des Handelsvertreterrechts besondere Bedeutung, denn es **rechtfertigt** die **besondere Schutzwürdigkeit** des Handelsvertreters, dessen Vertragsverhältnis zum Unternehmer oft seine einzige Quelle zum Lebensunterhalt ist.

Hinweis: Zu denken ist deshalb in diesen Fällen an die Nähe zum Arbeitsrecht. In der Tat wird der Handelsvertreter gemäß § 8 ArbPlSchG weitgehend einem Arbeitnehmer gleichgestellt. Man kann jedoch nicht soweit gehen, zum Beispiel im Falle der Nichtigkeit eines Handelsvertretervertrags nur ex-nunc-Wirkungen derselben anzunehmen. Zu helfen ist in diesen Fällen vielmehr mit allgemeinen **bereicherungsrechtlichen** Vorschriften.

Bsp.: Der Unternehmer U hat den Handelsvertreter H beauftragt, für ihn Geschäfte abzuschließen. Ein Jahr später stellt sich die Nichtigkeit des Vertrages heraus. Dem Handelsvertreter stehen zwar – wegen der Nichtigkeit des Vertrags – keine Provisionsansprüche für seine Leistungen zu, jedoch hat er gegen den Unternehmer einen Anspruch auf die übliche Provision als Wertersatz für seine Tätigkeit, § 818 II BGB. Der Einwand der Entreicherung (§ 818 III BGB) steht dem Unternehmer nach der Saldotheorie nicht zu.

2. Pflichten des Handelsvertreters

Im Verhältnis zum Unternehmer trifft den Handelsvertreter vor allem die **Hauptpflicht**, sich um die Vermittlung oder den Abschluss von Geschäften zu bemühen, § 86 I HGB. Er ist dem Unternehmer zu **Loyalität** verpflichtet, muss dessen Interessen wahrnehmen, insbesondere etwaige Geschäftspartner sorgfältig auswählen und Verschwiegenheit bewahren, § 90 HGB.

Im Zweifel muss der Handelsvertreter persönlich tätig werden, § 613 S. 1 BGB, und ist grundsätzlich auch verpflichtet, den **Weisungen** des Unternehmers nachzukommen sowie diesem ständig zu **berichten**, § 86 II HGB.

3. Provisionsanspruch

Vom Anspruch auf Unterstützung seiner Tätigkeit durch den Unternehmer gemäß § 86a HGB und gesetzlichen Zurückbehaltungsrechten (§§ 273 BGB, 369 HGB), auf die er im Voraus gemäß § 88a I HGB nicht wirksam verzichten kann, abgesehen, hat der Handelsvertreter einen Anspruch auf **Zahlung einer Provision, § 87 HGB**.

a. Die Provision ist **synallagmatische Gegenleistung** und berechnet sich nach einem vereinbarten oder üblichen **Prozentsatz** des Wertes des vermittelten oder abgeschlossenen Geschäfts, § 87b I HGB.

aa. Der Provisionsanspruch ist extrem **erfolgsbezogen**. Das zeigt sich in den **drei Voraussetzungen**, die zu erfüllen sind:

- **Abschluss eines Vertrages** zwischen Unternehmer und Dritten, § 87 I 1 HGB
- **Ausführung des geschlossenen Vertrages** durch den Unternehmer, § 87a I HGB
- **Keine feststehende Nichtleistung des Dritten**, § 87a II HGB, es sei denn, der Unternehmer hat diese zu vertreten, § 87a III HGB.

bb. Dogmatisch konstruiert man mit Bedingungen: Der Provisionsanspruch steht unter den zwei aufschiebenden Bedingungen des Vertragsabschlusses und dessen Ausführung durch den Unternehmer sowie unter der auflösenden Bedingung der Nichtleistung des Dritten, die nicht vom Unternehmer zu vertreten ist.

cc. Danach besteht ein Provisionsanspruch **nicht**, wenn der vermittelte oder abgeschlossene Vertrag – aus welchem Grunde auch immer – **unwirksam** ist, § 87 I 1 HGB.

Bsp.: Der Handelsvertreter H wird für den Unternehmer U tätig und schließt in dessen Namen mit D einen Vertrag über die Lieferung von 20 Badewannen. Einen Tag später ficht D seine Willenserklärung wirksam wegen eines Irrtums nach § 119 I BGB an. Der Vertrag gilt daher als nichtig, § 142 I BGB. Ein Provisionsanspruch des H scheidet aus.

Auch, wenn dem Unternehmer seine Leistung **durch Zufall unmöglich** wird (§ 275 I BGB), entfällt der Provisionsanspruch, namentlich gemäß § 87a II HGB i.V.m. § 326 I 1 BGB. Hat der Unternehmer die Nichtausführung des Vertrages freilich zu vertreten, behält der Handelsvertreter seinen Anspruch, § 87a III HGB. Vertreten-Müssen im Sinne dieser Norm liegt zum Beispiel in folgenden Fällen vor:

- Verschulden im Sinne von §§ 276, 278 BGB
- Unvermögen zur Leistung bei Gattungsschulden
- Sachmängel und Rechtsmängel entsprechend §§ 434 f. BGB.

Bsp.: Wieder kontrahiert Handelsvertreter H im Namen des U mit D. Sind die gelieferten Wannen mangelhaft, und erklärt D infolge dessen nach fruchtlosem Fristablauf zur Nacherfüllung den Rücktritt, §§ 346 I, 437 Nr.2, Fall 1, 434, 323 I 1 BGB, hat H dennoch einen Provisionsanspruch, und zwar aus § 87a III 1 HGB. Der Anspruch entfällt nicht etwa nach § 87a III 2 HGB, weil der Unternehmer Sachmängel nicht nicht zu vertreten hat.

b. Verschiedene **Arten von Abschlussprovisionen** sind zu unterscheiden:

- Der Handelsvertreter hat *während* seines Vertragsverhältnisses mit dem Unternehmer (natürlich) einen Anspruch auf Provision für diejenigen Geschäfte, die auf seine Tätigkeit zurückzuführen sind, **§ 87 I 1 Fall 1 HGB.**
  Bsp.: H ist Handelsvertreter. Für und im Namen des Kaminherstellers K verkauft er 20 Kamine an ein Grand-Hotel. Daraus ist ihm gemäß § 87 I 1, Fall 1 HGB ein Provisionsanspruch entstanden, denn das Geschäft ist während und aufgrund der Tätigkeit des H als Handelsvertreter abgeschlossen worden.

- Auch **Nachbestellungen** und **Folgeaufträge**, also solche Geschäfte, die mit einem Dritten abgeschlossen wurden, die der Handelsvertreter als Kunde geworben hat, sind, solange zwischen Unternehmer und Handelsvertreter ein Vertragsverhältnis besteht, provisionspflichtig, **§ 87 I 1, Fall 2 HGB.**
  Bsp.: Möchte das Grand-Hotel nach der ersten erfolgreichen Winter-Saison nunmehr 10 weitere Zimmer mit Kaminen ausstatten und bestellt entsprechend bei K, entsteht H ein Provisionsanspruch gemäß § 87 I 1, Fall 2 HGB.

- Unter Verzicht auf jedes Kausalitätserfordernis kann so genannten **Bezirksvertretern** gemäß § 87 II HGB für Geschäfte mit Kunden aus dem Bezirk des Handelsvertreters ein Provisionsanspruch entstehen.

- Selbst **nach Beendigung** des Handelsvertretervertrages kann dem Handelsvertreter eine Provision gemäß § 87 III HGB zustehen.

4. Beendigung des Handelsvertretervertrages

a. Beendigungsgründe

Als **Gründe** für die Auflösung des Handelsvertretervertrages kommen z. B. in Betracht:

- **Zeitablauf** eines befristeten Vertrages gemäß § 620 BGB,
- ein **Aufhebungsvertrag** gemäß § 311 I BGB,
- der **Tod** des Handelsvertreters gemäß §§ 675 I, 673 BGB und
- die Eröffnung des **Insolvenzverfahrens** über das Vermögen des Unternehmers gemäß §§ 115 ff. InsO.

Wie alle Dauerschuldverhältnisse kann er überdies aber auch **gekündigt** werden.

Für eine **ordentliche Kündigung** bestimmt § 89 I HGB Mindestfristen. Das **außerordentliche fristlose Kündigungsrecht** aus wichtigem Grund wird in § 89a HGB noch einmal hervorgehoben. Ein wichtiger Grund liegt vor, wenn es einer Partei nicht zuzumuten ist, den Vertrag bis zum Ablauf der Frist für eine ordentliche Kündigung fortzusetzen. Auch wenn diese Definition der aus § 626 I BGB entspricht, gilt die Ausschlussfrist des § 626 II BGB hier nicht, da § 89a HGB insoweit abschließend ist.

b. Der Ausgleichsanspruch

Gemäß **§ 89b I HGB** steht dem Handelsvertreter gegen den Unternehmer ein Ausgleichsanspruch zu. Er ist im Kern eine **Vergütung** für die Vorteile aus vom Handelsvertreter angebahnten Geschäftsverbindungen, die der Unternehmer in Zukunft zu seinem Vorteil nutzen kann, ohne provisionspflichtig zu bleiben. Der Anspruch ist im Voraus **unabdingbar**, § 89b IV 1 HGB, auf eine durchschnittliche Jahresprovision gedeckelt, § 89b II HGB, und innerhalb eines Jahres nach Vertragsbeendigung geltend zu machen, § 89 IV 2 HGB.
Die **Voraussetzungen** des Ausgleichsanspruchs sind:

- **Vorteile des Unternehmers** aus der Geschäftsverbindung mit Kunden, die der Handelsvertreter geworben hat, § 89b I 1 Nr. 1 HGB

- **Verlust von Provisionsansprüchen**, § 89b I 1 Nr. 2 HGB, insbesondere auch solcher für Folgegeschäfte nach § 87 I 1, Fall 2 HGB

- Der Ausgleichsanspruch muss unter Berücksichtigung aller Umstände der **Billigkeit** entsprechen, § 89 I 1 Nr. 3 HGB. Anspruchsmindernd können sich zum Beispiel eine vom Unternehmer finanzierte Altersversorgung oder auch verbotene Konkurrenztätigkeit des Handelsvertreters auswirken.

Der Anspruch darf ferner nicht **ausgeschlossen** sein. Das ist aber der Fall:

- bei Kündigung des Handelsvertreters, § 89b III Nr. 1 HGB, es sei denn, das Verhalten des Unternehmers hat dazu Anlass gegeben oder dem Handelsvertreter kann eine Fortsetzung seiner Tätigkeit aus Altersgründen oder krankheitsbedingt nicht zugemutet werden, und

- bei Kündigung aus wichtigem Grund wegen schuldhaften Verhaltens des Handelsvertreters, § 89b III Nr. 2 HGB.

Ob § 89b HGB auch Anwendung findet, wenn der Handelsvertretervertrag **nichtig oder wirksam angefochten** worden ist, dürfte entgegen der herrschenden Auffassung **zu verneinen** sein. Auch hier ist mit einem bereicherungsrechtlichen Anspruch des Handelsvertreters gegen den Unternehmer aus §§ 812 I 1, Fall 1, 818 II BGB zu helfen. Als „etwas" ist die Möglichkeit des Unternehmers, zukünftige Geschäfte abzuschließen, anzusehen. Damit unterscheiden sich die beiden Auffassungen – Anwendung von § 89b HGB und bereicherungsrechtliche Lösung – im Ergebnis freilich kaum. Die bereicherungsrechtliche Variante hat jedoch den Vorzug dogmatischer Überzeugungskraft, denn das Bereicherungsrecht dient gerade der Rückabwicklung *nichtiger* Verträge, während § 89b HGB die Abwicklung eines Vertrages *nach* seiner Beendigung regelt. Diese Norm kann deshalb, wenn nie ein Vertrag bestanden hat, nicht anwendbar sein.

c. Wettbewerbsabreden

Während aus der Loyalitätspflicht des Handelsvertreters gegenüber dem Unternehmer während der Wirksamkeit des Handelsvertretervertrages ein Wettbewerbsverbot folgen kann, besteht es nach dessen Beendigung nicht mehr. Häufig findet man aber die **Vereinbarung** eines auch **nachvertraglichen Wettbewerbsverbots**. Es unterliegt nach § 90a I HGB zum Schutze des Handelsvertreters bestimmten **Formerfordernissen** und **inhaltlichen Schranken**. Außerdem hat dieser gegen den Unternehmer für die Dauer der Wettbewerbsbeschränkung einen Anspruch auf **Karenzentschädigung** nach § 90a I 3 HGB. Die Bestimmungen sind **zwingend**, § 90a IV HGB.

II. Exkurs: Kommissionsagent und Vertragshändler

Folgende Mischformen, an denen der Handelsvertreter Anteile hat, verdienen Erwähnung:

1. Kommissionsagent

Der Kommissionsagent ist eine Mischform aus Kommissionär (siehe S. 109) und Handelsvertreter. Er ist dauerhaft damit betraut, im eigenen Namen **für Rechnung des Unternehmers** Verträge abzuschließen. Aufgrund der Dauerhaftigkeit seines Engagements sind die Schutzvorschriften der §§ 89 ff. HGB, namentlich § 89b HGB, auf ihn analog anzuwenden.

2. Vertragshändler

Der Vertragshändler ist eine Mischform aus selbständigem Unternehmer und Handelsvertreter. Er wird im eigenen Namen und **für eigene Rechnung** dauerhaft für einen Hersteller tätig und übernimmt es, dessen Produkte zu vertreiben und deren Absatz zu fördern.
Bsp.: Volkswagen und BMW arbeiten im Vertragshändlersystem.

§§ 89 und 89a HGB dürften auch auf Vertragshändler anwendbar sein, § 89b HGB nach der Rechtsprechung des Bundesgerichtshofs ebenso, wenn der Vertragshändler

- in die Absatzorganisation des Unternehmers wie ein Handelsvertreter eingebunden ist;
- vertraglich verpflichtet ist, nach Beendigung seiner Tätigkeit den Kundenstamm zu übergeben.

Ähnlich wird man auch bei Franchisenehmern (Beispiele sind McDonald's und Hilton) zu entscheiden haben.

III. Der Handelsmakler

1. Begriff des Handelsmaklers

Gemäß § 93 I HGB ist Handelsmakler, wer gewerbsmäßig für andere Personen die **Vermittlung** von Verträgen über Gegenstände des Handelsverkehrs übernimmt, **ohne** von ihnen **ständig** damit **betraut** zu sein. Die Begriffsmerkmale sind demnach:

- **Vermittlung von Verträgen**

Der *Abschluss* eines Geschäfts ist nicht erforderlich. Anders als beim Zivilmakler (§ 652 BGB) genügt aber auch nicht nur der bloße Nachweis einer Gelegenheit zum Vertragsschluss. Der Handelsmakler muss vielmehr durch **Einwirkung** auf die Parteien deren Bereitschaft zum Abschluss eines Vertrages fördern.

- **Vertragsobjekt: Gegenstände des Handelsverkehrs**

§ 93 I HGB nennt beispielhaft verschiedene Objekte, wie Waren, Wertpapiere und Versicherungen, die Gegenstand handelsmaklerischer Tätigkeit sein können. **Nicht** dazu gehören nach § 93 II HGB unbewegliche Sachen, ferner nicht Unternehmen.

- **Gewerbsmäßigkeit**

Die Tätigkeit des Handelsmaklers muss **fortgesetzt** und auf **Gewinnerzielung** gerichtet sein. Der Handelsmakler muss aber kein Kaufmann sein, denn nach § 93 III HGB können auch Kleingewerbetreibende, die nicht nach § 2 HGB im Handelsregister eingetragen sind, als Handelsmakler agieren.

Im Gegensatz zum Handelsvertreter steht der Handelsmakler entweder **nicht in ständiger** Geschäftsbeziehung zu seinem Auftraggeber oder/und ist diesem **nicht** zur Tätigkeit **verpflichtet**. Diese Abgrenzung hat große praktische Bedeutung, denn sie entscheidet über die Anwendbarkeit der zwingenden Vorschriften der §§ 84 ff. HGB, insbesondere darüber, ob grundsätzlich ein Provisionsanspruch besteht oder dieser ausdrücklicher Parteivereinbarung bedarf.

Im Gegensatz zum Zivilmakler (§§ 652 ff. BGB) ist der Handelsmakler nicht Wahrer der Interessen seiner Vertragspartei, sondern vielmehr **neutraler und objektiver** Vermittler.

2. Die Schlussnote, §§ 94 f. HGB

a. Nach § 94 I HGB hat der Handelsmakler grundsätzlich unverzüglich nach Abschluss eines Geschäfts jeder Partei eine von ihm unterzeichnete Schlussnote (oder auch „Schlussschein") zuzustellen. Dadurch sollen diese **Gewissheit** über Abschluss **und** Inhalt des geschlossenen Vertrages bekommen. Ist der Empfänger Kaufmann und schweigt er auf dieses Bestätigungsschreiben, **gilt dessen Inhalt als Vertragsinhalt.**

b. Insbesondere im Börsenverkehr besteht ein wirtschaftliches Bedürfnis, den Abschluss von Geschäften zu ermöglichen, bei denen der Makler einen abschlussbereiten **Partner noch nicht gefunden** hat. Diesem Zweck dient § **95 I HGB**, wonach die eine Partei auch eine Schlussnote annehmen kann, in der der Makler sich die Bezeichnung der anderen Partei noch vorbehalten hat. In diesem Fall ist die eine Partei an den Vertragsschluss gebunden, es sei denn, sie kann begründete Einwendungen, etwa mangelnde Bonität, gegen die später vom Makler benannte Partei erheben.

> ***Bsp.***: *K beauftragt M, den Verkauf eines bestimmten Bildes zu vermitteln. M ist sich sicher, einen Käufer finden zu können und sendet daher K einen entsprechenden Schlussschein zu, in dem er die Bezeichnung des Vertragspartners noch offen lässt. K ist erfreut und nimmt diesen an. Eine Woche später präsentiert M dem K den kaufbereiten E, dessen Insolvenz in der Kunstszene jedoch bekannt ist. K lehnt ihn daher als Käufer ab und teilt dies M mit. Zu Recht, § 95 I a.E. HGB.*

Unterbleibt die rechzeitige **Bezeichnung** der Zweitpartei oder sind gegen sie **berechtigte Einwendungen** zu erheben, so **haftet** der **Makler** gemäß § 95 III 1 HGB **auf Erfüllung.** Diese Garantiehaftung ähnelt der Einstandspflicht des Vertreters ohne Vertretungsmacht nach § 179 I BGB.

> ***Bsp.***: *Schafft M es nicht, einen weiteren Käufer zu finden, kann K ihn selbst auf Erfüllung, also Abnahme und Kaufpreiszahlung, in Anspruch nehmen, § 95 III 1 HGB.*

Im Falle des **Selbsteintritts** soll dem Handelsmakler nach einer Auffassung kein Provisionsanspruch zustehen. Für den Auftraggeber kann es aber keinen Unterschied machen, ob der Makler selbst oder ein Dritter erfüllt. Richtig dürfte daher sein, ihm auch in diesen Fällen einen Anspruch auf Maklerlohn zuzuerkennen.

3. Haftung des Maklers, § 98 HGB

§ 98 HGB bestimmt die **Haftung** des Maklers gegenüber jeder der beiden Parteien für durch sein **Verschulden** entstandene Schäden. Die Besonderheit liegt darin, dass nach dem Wortlaut der Norm auch der Partei ein Anspruch erwächst, die **gar keinen Vertrag** mit dem Makler hat.

Bsp.: K beauftragt M, den Kauf einer alten Truhe zu vermitteln. Infolge seiner Bemühungen kommt ein entsprechender Kaufvertrag zwischen V und K zustande. Ohne erkennbar nur als Interessenwalter des K zu handeln, hat M das Geschäft so eingefädelt, dass K einen Preis erzielen konnte, der 20% unter Marktniveau liegt. Da M dadurch die ihm obliegende Neutralitätspflicht eines „ehrlichen Maklers" gegenüber V verletzt hat, steht diesem gegen jenen ein Schadenersatzanspruch aus § 98 HGB zu.

Die herrschende Auffassung sieht darin eine gesetzlich fixierte Ausprägung des Vertrages mit Schutzwirkung zugunsten Dritter.

4. Der Anspruch auf Maklerlohn, § 99 HGB

a. Der Anspruch auf **Handelsmaklerlohn**, **§ 99 HGB**, setzt voraus, dass ein mit dem Auftrag **identischer Vertrag** infolge der Vermittlung des Maklers **zustande gekommen ist**, vgl. § 652 I BGB. Die Vorschriften des BGB sind hier besonders wichtig.

Bsp.: Handelsmakler M vermittelt den Kauf einer wertvollen Vase. Zum Vertragsschluss kommt es jedoch nicht ohne dass ein Eigentumsvorbehalt vereinbart wird. Da die eine Partei die fälligen Raten nicht regelmäßig zahlt, tritt die andere vom Vertrag zurück. Hat M dennoch einen Anspruch auf Vergütung? - Nein, denn gemäß § 652 I 2 HGB hätte die Bedingung erst eintreten müssen.

b. Nach § 99 HGB soll der Maklerlohn, wenn nichts Abweichendes vereinbart wurde, von jeder Partei zur Hälfte getragen werden. **Streitig** ist, ob die Anwendbarkeit dieser Vorschrift den Abschluss des Maklervertrages mit **beiden** Parteien voraussetzt. Die Frage zu verneinen hieße, einen Vertrag zu Lasten Dritter im Wege gesetzlicher Haftung hinsichtlich der primären Leistungspflicht zu etablieren. Das ist abzulehnen. Vielmehr enthält § 99 HGB deshalb nur eine **Auslegungsregel** für den Fall, dass ein **Doppelmakler** tätig wurde. Dann ist der Provisionsanspruch im Zweifel je hälftig von den Parteien zu tragen.

Bsp.: K beauftragt M mit der Vermittlung des Kaufs einer alten Spindel. Infolge seiner Bemühungen kommt ein entsprechender Kaufvertrag zwischen V und K zustande. Dem M steht hier – auch ohne entsprechende Vereinbarung, § 354 HGB – ein Maklerlohn gemäß § 99 HGB zu, denn durch seine Vermittlung ist ein entsprechender Vertrag geschlossen worden, § 652 I BGB. Nach einer Auffassung soll gemäß § 99 HGB der Anspruch je zur Hälfte gegen K und V bestehen. Das bedeutete jedoch einen nicht unproblematischen Vertrag zu Lasten Dritten hinsichtlich der primären Leistungspflicht. Richtig ist daher, hier, mangels Anzeichen für einen Vertragsschluss auch zwischen M und V, den Anspruch des M allein und in voller Höhe gegen K zu bejahen.

IV. Wiederholung

1. Überblick

Im Mittelpunkt der selbständigen Hilfspersonen des Kaufmanns steht der Handelsvertreter. Er ist selbständiger **weisungsabhängiger** Gewerbetreibender, der **ständig** damit betraut ist, für einen Unternehmer Geschäfte zu vermitteln oder in dessen Namen abzuschließen, § 84 I 1 HGB. Zahlreiche zwingende handelsrechtliche Vorschriften dienen seinem Schutz; er hat Anspruch auf Provision, § 87 HGB, und einen Ausgleichsanspruch aus § 89b HGB. Treten Mischformen, wie Kommissionsagent, Vertragshändler oder Franchisenehmer auf, ist an eine analoge Anwendung dieser Vorschriften zu denken.

Der Handelsmakler, § 93 HGB, besorgt die Vermittlung von Geschäften; er ist **weisungsunabhängig** und wegen seines **nicht ständigen** Engagements weitaus weniger problematisch. Grundsätzlich der Wahrnehmung der Interessen beider Parteien verpflichtet, steht ihm ein Maklerlohn zu, § 99 HGB.

2. Wiederholungsfragen

1	Welche sind selbständige Hilfspersonen des Kaufmanns?	Handelsvertreter, Franchisenehmer, Vertragshändler, Handelsmakler (und viele andere, z. B. den Kommissionär, Spediteur, Lagerhalter oder Frachtführer).
2	Welche sind die Begriffsmerkmale des Handelsvertreters?	- Selbständigkeit - gewerbetreibend - Geschäfte vermittelnd oder im Namen des Kaufmanns abschließend - ständiges Betrauungsverhältnis
3	Welche sind wichtige Ansprüche des Handelsvertreters?	Provisionsansprüche und Ausgleichsanspruch
4	Auf welcher Grundlage wird der Provisionsanspruch berechnet?	Nach einem vereinbarten oder üblichen Prozentsatz des Wertes des vermittelten oder abgeschlossenen Geschäfts, § 87b I HGB.
5	In welcher Norm finden sich die Anspruchsgrundlagen für Abschlussprovisionen?	§ 87 HGB
6	Kann der Handelsvertreter auf seinen Anspruch vor Beendigung seines Handelsvertretervertrages verzichten?	Nein, der Anspruch ist im Voraus unabdingbar, § 89b IV HGB.

7 Welche sind die Tatbestandsvoraussetzungen für einen Ausgleichsanspruch des Handelsvertreters?

- Erhebliche Vorteile des Unternehmers aus dem Kundenstamm des Handelsvertreters
- Verlust von Provisionsansprüchen des Handelsvertreters
- Billigkeit des Ausgleichsanspruchs

8 Was ist hinsichtlich der Pflicht zum Tätigwerden im Vergleich zwischen Handelsvertreter und Handelsmakler zu sagen?

Beim Handelsvertreter ist die Pflicht zum Tätigwerden Hauptpflicht, § 86 I HGB. Den Handelsmakler trifft eine solche Pflicht gar nicht, § 93 HGB.

9 Sind Handelsmakler notwendig Kaufleute?

Nein, gemäß § 93 III HGB finden die Vorschriften über den Handelsmakler auch auf Kleingewerbetreibende Anwendung, die nicht im Handelsregister eingetragen sind.

10 Worin besteht der Unterschied zwischen einem Handelsvertreter in Gestalt eines Vermittlungsvertreters und einem Handelsmakler?

Der Vermittlungsvertreter ist ständig für den Unternehmer tätig, während der Handelsmakler nicht ständig betraut ist.

11 Trifft den Handelsmakler eine Neutralitätspflicht?

Nach dem Leitbild des HGB: Ja. Natürlich kann Entgegenstehendes vereinbart werden. Dann muss der Handelsmakler dies der anderen Partei jedoch offen legen, um Haftungsrisiken auszuschließen.

12 Welche Bedeutung hat die Schlussnote?

Sie soll den Parteien Gewissheit über den Abschluss des Vertrages und dessen Inhalt schaffen.

13 Was passiert, wenn der Unternehmer eine Schlussnote, in der sich der Makler die Bezeichnung der anderen Partei noch vorbehalten hat, annimmt und der Makler keine Partei zu bezeichnen vermag?

Der Makler haftet selbst gemäß § 95 III 1 HGB auf Erfüllung.

14 Wo ist der Mäklervertrag im BGB geregelt?

In den §§ 652 ff. BGB.

15 Wer hat den Maklerlohn zu zahlen?

Der Vertragspartner des Maklers. Handelt es sich um einen Doppelmakler, stellt § 99 HGB die Vermutung auf, dass der Maklerlohn jeweils hälftig von beiden Parteien zu zahlen ist.

ABSCHNITT II: DIE HANDELSGESCHÄFTE

Auch für den Kaufmann und dessen Geschäfte gelten grundsätzlich die Vorschriften des BGB. Durch das vierte Buch des HGB werden diese Vorschriften **ergänzt**. Die Systematik ist der des Bürgerlichen Gesetzbuches vergleichbar. Im ersten Abschnitt finden sich allgemeine Vorschriften, im zweiten bis sechsten Abschnitt sind einzelne Geschäftstypen geregelt.

1. KAPITEL
ALLGEMEINE VORSCHRIFTEN

I. Das Handelsgeschäft

1. Begriff

Handelsgeschäfte sind alle Geschäfte, die zum Betrieb des Handelsgewerbes des Kaufmanns gehören, § 343 I HGB.

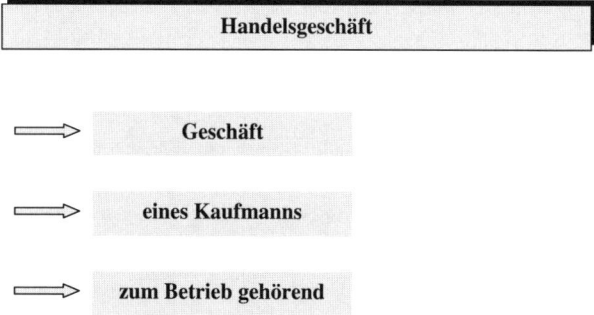

a. Geschäft

Als Geschäft im Sinne des § 343 I HGB ist **jedes willentliche Verhalten** zu verstehen. Der Begriff ist damit **sehr weit** und erfasst neben

- **Willenserklärungen** auch
- **geschäftsähnliche Handlungen** (Mahnungen, Fristsetzungen) und
- **gewollte Realakte**, z. B. Verarbeitung, Verbindung und Vermischung.

b. Kaufmann

Dem subjektiven System folgend kann nach dem HGB nur das Geschäft eines **Kaufmanns** Handelsgeschäft sein.

c. Betriebszugehörigkeit

Geschäfte eines Kaufmanns gelten im Zweifel als zum Betriebe seines Handelsgewerbes gehörig, § 344 I HGB. Die Betriebszugehörigkeit wird also **gesetzlich vermutet**. Der Gegner kann den Beweis des Gegenteils führen, § 292 S.1 ZPO. Diese Vermutungswirkung wird in § 344 II HGB für Schuldscheine verstärkt, denn für sie kann der Beweis des Gegenteils nur aus dem Inhalt der Urkunde heraus angetreten werden.

> *Bsp.: Wenn sich aus dem Text eines Darlehensschuldscheins eines Kaufmanns ergibt, dass der Kaufmann den Kredit zur privaten Verwendung aufgenommen hat, ist die Vermutung, der Schuldschein sei im Betrieb seines Handelsgewerbes gezeichnet, widerlegt.*

2. Arten und Anwendbarkeit

Bei **einseitigen** Handelsgeschäften ist nur ein Vertragspartner Kaufmann, **beiderseitige** Handelsgeschäfte werden ausschließlich unter Kaufleuten geschlossen. Grundsätzlich sind die Vorschriften über Handelsgeschäfte gemäß § 345 HGB **schon dann anwendbar**, wenn das Rechtsgeschäft nur für **einen Teil** Handelsgeschäft ist, es sei denn, die entsprechende Vorschrift setzt etwas anderes voraus, § 345, Hs. 2 HGB. Zum

> *Bsp.: § 377 HGB setzt voraus, dass sowohl Käufer als auch Verkäufer Kaufleute sind.*

3. Zustandekommen eines Handelsgeschäfts durch Schweigen

Auch Verträge, die Handelsgeschäfte sind, kommen grundsätzlich durch **Angebot und Annahme**, **§§ 145 ff. BGB**, zustande, also durch zwei korrespondierende Willenserklärungen. Bloßes Schweigen begründet dagegen *grundsätzlich* keine rechtsgeschäftlichen Pflichten. Nur ausnahmsweise, sei es kraft Parteivereinbarung oder kraft Rechtsnorm, gilt Besonderes. Im Einzelnen:

a. Schweigen auf ein kaufmännisches Bestätigungsschreiben

aa. Unter Kaufleuten ist es üblich, mündlich abgeschlossene Verträge nochmals schriftlich zu bestätigen. Der Vertrag soll damit im Detail **fixiert**, Zweifel sollen ausgeräumt und etwaige **Beweise** erleichtert werden.

Wird das Vereinbarte korrekt bestätigt, ergeben sich keine Probleme (deklaratorisches Bestätigungsschreiben).

Der Vertrag, auf den im Bestätigungsschreiben Bezug genommen ist, gilt jedoch **auch in drei weiteren Fällen als mit dem Inhalt des Bestätigungsschreibens zustande gekommen**, wenn der Kaufmann nicht unverzüglich widerspricht, namentlich

- bei Unklarheiten über den Vertragsschluss an sich oder bei verstecktem Dissens
- bei Mängeln der Vertretungsmacht
- bei inhaltlichen Abweichungen.

Schweigen auf ein so genanntes **konstitutives Bestätigungsschreiben** begründet oder modifiziert demnach Vertragspflichten. Diese Lehre ist inzwischen auch **gewohnheitsrechtlich** anerkannt. Dogmatisch handelt es sich um eine Rechtsscheinhaftung: Im kaufmännischen Verkehr wird durch das Bestätigungsschreiben ein erhöhter Vertrauenstatbestand und damit ein objektiver Rechtsscheintatbestand geschaffen.

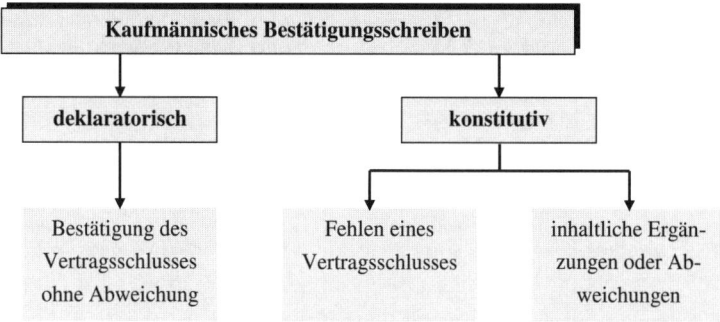

bb. Die **Voraussetzungen** des konstitutiven kaufmännischen Bestätigungsschreibens im Einzelnen:

(1) Die Regeln über kaufmännische Bestätigungsschreiben gelten grundsätzlich **nur unter Kaufleuten**. Nimmt ein Nichtkaufmann am Rechts- und Handelsverkehr in größerem Umfang teil, sind sie auf ihn jedoch entsprechend anzuwenden.

(2) Das kaufmännische Bestätigungsschreiben muss seinem Empfänger **zugehen**. Kenntnisnahme verlangt der Bundesgerichtshof nicht.

(3) Das kaufmännische Bestätigungsschreiben muss in **unmittelbarem zeitlichen Zusammenhang** mit einem vermeintlichen Vertragsschluss stehen und dessen **Inhalt** endgültig und eindeutig **bestätigen**. Wird etwa nur ein telefonisches Angebot durch ein „Bestätigungsschreiben" angenommen, so gilt § 150 II BGB, denn in der Annahme eines Angebots liegt kein kaufmännisches Bestätigungsschreiben.

(4) Der Absender ist nur dann **schutzwürdig**, wenn er nach Treu und Glauben das Schweigen des Empfängers als Zustimmung auffassen darf. Dies ist **nicht** der Fall, wenn:

- der Absender **unredlich** ist, also weiß, dass der Inhalt des Schreibens nicht dem Vereinbarten entspricht;
- das Schreiben solche Abweichungen enthält, bei denen der Absender mit einer Billigung durch den Empfänger **vernünftigerweise nicht rechnen kann**;
- sich zwei Bestätigungsschreiben **kreuzen** und für den Absender erkennbar wird, dass der Vertragspartner eine andere Auffassung vom Vertragsschluss hat.

Ergänzungen und Konkretisierungen des Vertragsinhalts, insbesondere auch Einbeziehung allgemeiner Geschäftsbedingungen, sind hingegen in diesem Rahmen denkbar. Dies veranschaulicht das nächste

Bsp.: Der Handelsvertreter H kauft nach mündlichen Verhandlungen beim Cabrio-Händler C einen gebrauchten BMW. C bestätigt diesen Kauf, und zwar mit der Klausel „gekauft wie gesehen". H seinerseits bestätigt auch, jedoch ohne Zusatz. Hier kreuzen sich zwei Bestätigungsschreiben. C hält Gewährleistungsrechte für ausgeschlossen. Aus dem Bestätigungsschreiben des H geht diesbezüglich jedoch keine gegenteilige Auffassung hervor. Auch ansonsten ist H nicht schutzwürdig, weil im Gebrauchtwagenhandel ein Gewährleistungsausschluss nicht unüblich ist. Er wurde daher, weil H schwieg, Vertragsinhalt.

(5) Der Empfänger darf **nicht unverzüglich widersprochen** haben.

Bsp.: Der Lagerhalter L kauft nach zähen und langen Verhandlungen beim Hersteller H 9 Wärmetauscher zum Preis von je 2.000 Euro. H bestätigt am nächsten Tag den Kauf von 10 Geräten zum Gesamtpreis von 20.000 Euro. L muss ohne schuldhaftes Zögern dem Inhalt des Bestätigungsschreibens widersprechen, damit er nicht Gegenstand des Vertrages wird.

b. Schweigen auf einen Antrag zur Geschäftsbesorgung

Im Gegensatz zu § 663 BGB kommt nach **§ 362 I HGB** ein Vertrag zustande, wenn ein Antrag auf die Besorgung von Geschäften nicht unverzüglich abgelehnt wird, wie im nächsten

Bsp.: Der ständige Kunde K der Bank B beauftragt diese, bestimmte Aktien für ihn zu erwerben. Die Bank schweigt. Dadurch ist gemäß § 362 I 1 HGB zwischen K und B ein Vertrag mit dem Inhalt zustande gekommen, dass B den K zum Erwerb der Aktien verpflichtet.

Die Tatbestandsvoraussetzungen sind im Einzelnen (unter aa. und bb.):

aa. 362 I 1 HGB

(1) Der Empfänger des Antrags muss im Zeitpunkt des Zugangs **Kaufmann** sein.

(2) Der Gewerbebetrieb des Kaufmanns muss die **Besorgung von Geschäften** für andere mit sich bringen. Geschäftsbesorgung ist – wie in § 663 BGB – jede selbständige und wirtschaftliche Tätigkeit im fremden Interesse.

> ***Bsp.****: Tätigkeit eines Handelsvertreters, Handelsmaklers, Spediteurs und Frachtführers, **nicht jedoch die eines Warenkaufmanns**. Letzterer kann bei Angeboten zum Abschluss eines Kaufvertrages grundsätzlich Schweigen, ohne dass ein Vertrag zustande käme.*

(3) Zum Antragenden muss eine **ständige Geschäftsverbindung**, das heißt eine Beziehung, die auf gewisse Dauer **angelegt** ist, bestehen. Beachten Sie, dass „angelegt" nicht „tatsächlich" meint, sondern vielmehr auf den Willen der Parteien anspielt.

(4) Die Norm ist nur einschlägig, wenn sich der Antrag auf solche Geschäfte bezieht, die der Gewerbebetrieb des Kaufmanns **mit sich bringt**. Entscheidend ist, welche Geschäftsbesorgungen nach der Verkehrsanschauung normalerweise zum entsprechenden Gewerbe gehören.

> ***Bsp.****: Tätigt die Bank B aus dem vorstehenden Beispiel normalerweise keine Aktiengeschäfte, kann sie trotzdem gemäß § 362 I HGB entsprechend verpflichtet werden, weil Aktienkäufe typische Bankgeschäfte sind.*

bb. § 362 I 2 HGB

In der zweiten Variante, abgedruckt in Satz 2 des § 362 I HGB, **erbietet** sich der Kaufmann zur Besorgung von Geschäften und **bekommt** einen entsprechenden Antrag. Ein öffentliches Anerbieten reicht – anders als bei § 663 BGB – allerdings nicht aus, vielmehr muss es individualisiert sein.

> ***Bsp.****: Kaufmann K bietet im Wege von Postwurfsendungen an, Geschäfte zu besorgen. A findet daran Gefallen und macht K ein entsprechendes Angebot. In den Postwurfsendungen liegt zwar ein Anerbieten des K, jedoch gegenüber der Öffentlichkeit. Schweigt der Kaufmann, kommt ein entsprechender Vertrag mit A auch nicht nach § 362 I 2 HGB zustande.*

Im Unterschied zu § 362 I 1 HGB ist eine ständige Geschäftsbeziehung hier aber nicht erforderlich. Beachten Sie folgendes

> ***Bsp.****: Der Spediteur S macht dem A einen Kostenvoranschlag für seinen Umzug von München nach Berlin. Nach Preisvergleichen beauftragt A den S, am 10. Januar 2009 den Umzug durchzuführen. Im Kostenvoranschlag liegt ein individualisiertes Anerbieten des S gegenüber A. Schweigt S auf das Angebot des A, kommt ein Vertrag gemäß § 362 I 2 HGB zustande.*

cc. Rechtsfolgen des § 362 I HGB

Der Kaufmann muss ohne schuldhaftes Zögern auf einen Antrag **antworten**, andernfalls gilt sein Schweigen als Annahme des Angebots, § 362 I 1 a.E. HGB. Sein Schweigen hat damit genau die gleichen Wirkungen wie eine Annahme.

c. Irrtumsfragen

Grundsätzlich gilt: Irrtümer sind im Rahmen des § 362 I HGB und des kaufmännischen Bestätigungsschreibens nicht etwa schon deswegen unbeachtlich, weil es sich nicht um Fälle rechtsgeschäftlicher Haftung handelt. Vielmehr sind die §§ 116 ff. BGB analog anzuwenden. Man kann drei Fälle unterscheiden:

aa. Irrt der Empfänger über die **rechtliche Bedeutung** seines Schweigens, liegt ein nach allgemeiner Auffassung **unbeachtlicher** Motivirrtum, ein sog. Rechtsfolgenirrtum vor.

bb. Herrschende Auffassung ist auch noch, dass ein Anfechtungsrecht nach § 119 I BGB besteht, wenn im Falle des § 362 I (1 oder 2) HGB der Empfänger eines **Antrags** diesen **missverstanden** hatte.

Bsp.: Dachte die Bank irrig, der Auftrag zum Kauf von 100 Aktien stamme vom liquiden Rechtsanwalt A, so kann sie gemäß § 119 I, Fall 1 BGB anfechten (Irrtum über die Person des Geschäftspartners), wenn dieser in Wahrheit vom zahlungsunfähigen Architekten A stammt.

Das Anfechtungsrecht des Schweigenden wird in diesen Fällen bejaht, weil § 362 I HGB nur das Vertrauen auf die Bedeutung des Schweigens als Annahme schützt, dessen Inhalt jedoch nicht.

cc. Dies soll nach herrschender Ansicht beim Schweigen auf ein **kaufmännisches Bestätigungsschreiben** anders sein, denn dieses diene auch Beweiszwecken, so dass ein Anfechtungsrecht mit dessen Sinn **nicht vereinbar** sei. Dies ist sicher richtig, soweit mit der Begründung angefochten werden soll, der Inhalt des Bestätigungsschreibens stimme nicht mit dem Vertragsschluss überein. Grundsätzlich besteht aber ein Anfechtungsrecht, wenn der Empfänger etwa das Bestätigungsschreiben selbst oder den Antrag missverstanden hatte. Im Lichte der Verkehrs- und Vertrauensschutzfunktion des kaufmännischen Bestätigungsschreibens wird man das Anfechtungsrecht jedoch auch insoweit zu versagen haben, wie der Adressat nicht die im Verkehr erforderliche Sorgfalt aufgewandt hat, um Missverständnisse zu vermeiden.

Hinweis: Differenzieren Sie bei der Beurteilung von Irrtümern beim Schweigen. Die Fälle des § 362 HGB und des kaufmännischen Bestätigungsschreibens sind nach herrschender Auffassung verschieden zu behandeln.

dd. Eine Anfechtung ist schließlich **uneingeschränkt möglich**, wenn der Adressat durch **Drohung** oder **arglistige Täuschung**, § 123 BGB, zum Schweigen veranlasst wurde. Soweit Arglist oder Drohung ihren Ursprung aber in der Person des Absenders finden, ist sie entbehrlich, denn mangels Redlichkeit kann er sich in diesem Fall ohnehin nicht auf das Bestätigungsschreiben berufen. Bleiben also die Fälle des § 123 II BGB.

Fall 5

Kaufmann K verhandelt telefonisch mit B-Büroausstattung e. K. über die Lieferung eines Chefsessels. Man wird sich schnell handelseinig über den Kauf einer besonders eleganten Sitzvorrichtung Marke X zum Preis von 5.500 Euro, zu liefern am 13. August 2008 in die Büroräume des K. In einem Nebensatz fällt „frachtfrei". Am nächsten Tag schreibt B dem K. Darin findet sich unter anderem folgende standardisierte Formulierung:

Sehr geehrter Herr K,
hiermit bestätige ich Ihren Kauf des Chefsessels Marke X, Ausstattung Y zum Preis
von 5.500 Euro entsprechend unseres gestrigen Telefonats. Wir liefern am 13. August
2008. Es gelten unsere Allgemeinen Geschäftsbedingungen.

Die AGB liegen dem Schreiben nicht bei. Sie lauten auszugsweise wie folgt:

§ 4. Die Kosten der Versendung trägt der Käufer. Entgegenstehende Abreden sind
unwirksam.

Die Sekretärin des K legt das Schreiben, ohne es K vorzulegen, gleich zu den Akten.
Am 23. August 2008 wird der Sessel zur großen Freude des K geliefert. Sie ist allerdings nur von kurzer Dauer, denn auf der Rechnung sind Frachtkosten in Höhe von 500 Euro als zur Zahlung fällig ausgewiesen. K verweigert die Zahlung, er wisse nichts von AGB und habe im übrigen Lieferung „frachtfrei" vereinbart. Außerdem habe seine Sekretärin ihm das Schreiben des K nie vorgelegt, sondern gleich abgeheftet.
Ist K zur Zahlung der 500 Euro verpflichtet?

Lösungsvorschlag

I. K und B haben telefonisch Lieferung des Sessels „frachtfrei" vereinbart. Danach besteht grundsätzlich kein Anspruch des B gegen K auf Zahlung der 500 Euro.

II. Allerdings könnte die Frachtkostenforderung durch nachträgliche Einbeziehung der Allgemeinen Geschäftsbedingungen des B dennoch Vertragsinhalt geworden sein. In Betracht kommt eine Modifikation des Vereinbarten im Wege eines kaufmännisches Bestätigungsschreibens.

   1. Erste Voraussetzung ist, dass das Schreiben des B ein kaufmännisches Bestätigungsschreiben darstellt.

      a. K und B sind Kaufleute.

      b. Das Schreiben des B folgte unmittelbar nach den mündlichen Vertragsverhandlungen und bestätigte deren Ergebnis.

      c. Fraglich ist, ob es auch zugegangen ist, § 130 I 1 BGB analog. Auch wenn K keine tatsächliche Kenntnis vom Schreiben genommen hatte, so ist es doch in seinen Machtbereich gelangt, so dass die Möglichkeit der Kenntnisnahme bestand. Zugang ist deshalb zu bejahen.

d. B muss schutzwürdig sein.

    aa. Würde B die Unrichtigkeit seines Schreibens positiv kennen, müsste er als unredlich gelten. Allerdings nutzt B einen mehr oder weniger standardisierten Text, um den Vertragsschluss zu bestätigen. Anzeichen, dass er bewusst von der Nebenabrede „frachtfrei" abweicht, sind nicht ersichtlich.

    bb. B ist auch dann nicht schutzwürdig, wenn das Schreiben solche Abweichungen enthält, bei denen mit einer Billigung durch K vernünftigerweise nicht gerechnet werden kann. Der Einwand trifft auf eine Nebenabrede wie die Frachtkostenregelung nicht zu. Dies gilt umso mehr, als § 4 der AGB des B der dispositiven Regelung des § 448 I, Fall 2 BGB entspricht.

e. Endlich hat K nicht ohne schuldhaftes Zögern nach Zugang widersprochen. Die Verzögerung bis zur Lieferung, verursacht durch seine Sekretärin, beruht vielmehr auf einem ihm zurechenbaren Organisationsverschulden.

f. Deshalb kann der Inhalt des zwischen K und B geschlossenen mündlichen Vertrages grundsätzlich durch das Schreiben als kaufmännisches Bestätigungsschreiben modifiziert werden.

2. Fraglich ist jedoch, ob die Einbeziehung der AGB auch nach allgemeinen Regeln wirksam ist.

a. Nicht entgegen stehen § 305 II BGB und die Tatsache, dass die AGB dem Schreiben nicht beilagen. Denn nach § 310 I BGB findet § 305 II BGB auf den Unternehmer K, § 14 BGB, keine Anwendung.

b. Die Frachtkostenklausel scheitert auch nicht an § 307 I 1 BGB, weil sie exakt dem Leitbild des dispositiven Rechts entspricht, § 307 II Nr.1 BGB.

c. § 4 der AGB des B ist damit Vertragsinhalt geworden.

3. Möglicherweise gilt der Vertrag jedoch als nichtig, § 142 I BGB. Dazu müsste K wirksam angefochten haben.

a. In der Zahlungsverweigerung des K liegt eine konkludente Anfechtungserklärung, §§ 143 I, 133, 157 BGB.

b. Fraglich ist, ob ein Anfechtungsgrund besteht. Die §§ 116 ff. BGB sind auf die Anfechtung des „Schweigens" grundsätzlich analog anwendbar.

    aa. Möglicherweise ist die Vorstellung des K, etwas anderes vereinbart zu haben, ein erheblicher Irrtum analog § 119 I BGB. Das Problem liegt darin, dass K gar keine Kenntnis vom Bestätigungsschreiben des B hatte. Seine darauf beruhende Fehlvorstellung muss jedoch als unbeachtlich gelten, sofern, wie hier, er die Unkenntnis zu vertreten hat.

    bb. Ein Anfechtungsgrund wegen arglistiger Täuschung, § 123 BGB analog, ist nicht gegeben.

c. Der Vertrag gilt deshalb nicht als nichtig.

4. B hat folglich gegen K einen Anspruch auf Zahlung der 500 Euro aus Vertrag in Verbindung mit den Grundsätzen des kaufmännischen Bestätigungsschreibens.

5. Wiederholung: Handelsgeschäfte

a. Überblick

Nach § 343 I HGB sind alle Geschäfte eines Kaufmanns, die zum Betrieb seines Handelsgewerbes gehören, Handelsgeschäfte. Derer gibt es einseitige und zweiseitige; Handelsrecht ist auf sie grundsätzlich gleichermaßen anwendbar, § 345 HGB.

Besonderheiten beim Zustandekommen von Handelsgeschäften:

1. gemäß **§ 362 HGB** kann **Schweigen als Annahme** gelten;

2. Vertragspflichten können im Wege eines **kaufmännischen Bestätigungsschreibens** geschaffen oder modifiziert werden.

b. Wiederholungsfragen

1 Welche sind die Tatbestandsmerkmale eines Handelsgeschäfts?

- Kaufmannseigenschaft
- Zugehörigkeit des Geschäfts zum Betrieb des Handelsgewerbes

2 Ist ein Bereicherungsanspruch aufgrund ungewollter Vermögensverschiebung an handelsrechtlichen Maßstäben zu messen?

Nein, nur willentliches Verhalten ist Geschäft im Sinne des Handelsrechts.

3 Gelten die Vorschriften über Handelsgeschäfte auch bei einseitigen Handelsgeschäften?

Grundsätzlich ja, § 345 HGB. Etwas anderes gilt nur, wenn das Gesetz ein beiderseitiges Handelsgeschäft ausdrücklich oder konkludent fordert.

4 Kann ein Handelsgeschäft auch durch Schweigen zustande kommen?

Ja, gemäß § 362 HGB oder infolge der Grundsätze des kaufmännischen Bestätigungsschreibens.

5 Gilt § 362 I 2 HGB auch für ein Anerbieten durch Postwurfsendungen?

Nein, denn anders als in § 663 BGB ist im Rahmen von § 362 I 2 HGB ein individualisiertes Anerbieten Tatbestandsvoraussetzung.

6 Wie ist die Lehre vom kaufmännischen Bestätigungsschreiben rechtlich abgesichert?

Es handelt sich um Gewohnheitsrecht.

7 Welche ist die Rechtsfolge des Schweigens auf ein kaufmännisches Bestätigungsschreiben?

Der Vertrag gilt als mit dem Inhalt zustande gekommen, der durch das kaufmännische Bestätigungsschreiben bestätigt wurde.

8 Welche sind die Tatbestandsvoraussetzungen eines kaufmännischen Bestätigungsschreibens?

- Empfänger ist Kaufmann oder nimmt im größeren Umfang am Rechtsverkehr teil; für den Absender gilt grundsätzlich Gleiches, wenngleich man weniger streng zu sein tendiert
- Zugang
- unmittelbarer zeitlicher Zusammenhang zwischen Vertragsschluss und kaufmännischem Bestätigungsschreiben
- Schutzwürdigkeit des Absenders
- kein unverzüglicher Widerspruch

9 Welche Mängel können zum Beispiel durch ein kaufmännisches Bestätigungsschreiben geheilt werden?

- versteckter Dissens
- Mängel der Vertretungsmacht

10 Inwieweit können durch ein kaufmännisches Bestätigungsschreiben Vertragsinhalte modifiziert werden?

Änderungen werden, Redlichkeit des Absenders vorausgesetzt, Vertragsinhalt, es sei denn, die Abweichungen sind so groß, dass mit einer Billigung durch den Empfänger vernünftigerweise nicht gerechnet werden kann.

II. Besonderheiten des gutgläubigen Eigentumserwerbs

Die §§ 932 ff. BGB schützen den Erwerber, wenn er im guten Glauben an das *Eigentum* des Veräußerers handelt. **§ 366 I HGB geht darüber hinaus:** schon der gute Glaube an die **Verfügungsbefugnis**, also an ein Weniger gegenüber dem Vollrecht Eigentum, reicht, um redlich Eigentum vom Nichtberechtigten zu erwerben. Der Grund für diese Regelung besteht in der besonderen Wahrscheinlichkeit, die bei Kaufleuten für das Bestehen einer Verfügungsbefugnis gegeben ist. Zum

> *Bsp.: Ein Kommissionär ist typischer Weise nicht Eigentümer der Kommissionsware, aber regelmäßig zu deren Veräußerung in eigenem Namen befugt.*

Hinweis: Auch § 366 I HGB ist immer **im Rahmen der bürgerlich-rechtlichen Vorschriften** zu prüfen. Namentlich wird am Anfang zunächst die Frage nach Einigung und Übergabe gemäß den §§ 929 ff. BGB stehen. Stellt man fest, dass sowohl ein Erwerb vom Berechtigten, z. B. mangels wirksamer Ermächtigung gemäß § 185 BGB, als auch ein Erwerb vom Nichtberechtigten mangels guten Glaubens an dessen Eigentum ausscheidet, stellt sich die Frage, ob die fehlende Berechtigung des Veräußerers durch § 366 I HGB dennoch überwunden werden kann.

1. Voraussetzungen des § 366 I HGB

a. § 366 I HGB setzt zunächst die **Kaufmannseigenschaft des Verfügenden** voraus. Streitig ist, ob bei Veräußerungen eines nichtberechtigten Rechtsscheinskaufmanns § 366 I HGB eingreifen kann. Dies ist zu verneinen, denn der vom Scheinkaufmann veranlasste Rechtsschein ist nicht geeignet, *zu Lasten unbeteiligter Dritter*, namentlich des wahren Eigentümers, zu wirken.

> *Bsp.: Die Eintragung des früheren Kaufmanns K wird im Handelsregister nicht gelöscht. K veräußert Eigentum des E im eigenen Namen an den gutgläubigen D, der K zwar nicht für den Eigentümer, aber für einen verfügungsbefugten Kaufmann hält. Ein redlicher Erwerb gemäß §§ 366 I, 15 I HGB scheidet aus, da § 15 I HGB nur zu Lasten desjenigen wirkt, in dessen Angelegenheit die Tatsache einzutragen war, nämlich zu Lasten des K, nicht aber zu Lasten des unbeteiligten wahren Eigentümers E.*

b. Die Veräußerung muss **im Betrieb** des Handelsgewerbes erfolgen. Ob die Verfügung betriebsbezogen ist, richtet sich nach §§ 343 ff. HGB. Die **Vermutung** des § 344 I HGB streitet zunächst dafür.

c. Endlich ist **Gutgläubigkeit** des Erwerbers zu fordern. Ist dem Erwerber bekannt oder infolge grober Fahrlässigkeit unbekannt, dass der Veräußerer nicht (wenigstens – wenn er schon kein Eigentümer ist –) über die Sache verfügen kann, handelt er nicht im guten Glauben. Zu berücksichtigen sind dabei die **Berufsstellung** des Verfügenden, die Gewöhnlichkeit des Geschäfts und alle besonderen Umstände, z. B. Urkunden. So lässt bei Kommissionären und Warenkaufleuten die Berufsstellung den Schluss zu, dass regelmäßig Verfügungsmacht vorliegt. Das *Gegenteil* dürfte für Spediteure, Frachtführer oder Lagerhalter gelten – in diesen Fällen wird man grundsätzlich von Bösgläubigkeit ausgehen können, die Vermutung der Gutgläubigkeit im Wege teleologischer Reduktion des § 366 I HGB nicht anwendend. Das ist entgegen der herrschenden Ansicht gerechtfertigt, weil bei eben diesen Kaufleuten keinesfalls eine Vermutung für bestehende Verfügungsbefugnis besteht und die tatbestandliche Fassung des § 366 I HGB insofern zu weit ist.

> *Bsp.: Autohändler A veräußert ein Kfz des C an B, ohne dass C davon weiß oder einverstanden wäre. A übergibt B auch den Kfz-Brief, in dem allerdings C als Halter des Fahrzeugs ausgewiesen ist. Der Besitz des Kfz-Brief eines Autohändlers begründet zu seinen Gunsten einen Rechtsschein der Verfügungsbefugnis, auch wenn der Brief auf einen fremden Namen lautet.*

2. Exkurs: Der gute Glaube an die Vertretungsmacht

Sehr umstritten ist die Frage, ob § 366 I HGB auch auf das Fehlen der Vertretungsmacht – zumindest analog – anzuwenden ist. Das ist deswegen alles andere als selbstverständlich, weil der Wortlaut von § 366 I HGB grundsätzlich nur das Handeln des Nichtberechtigten im *eigenen* Namen erfasst.

> *Bsp.: Der Motorradhändler K veräußert ein Trike – Eigentum des E – im Namen des E an den gutgläubigen D, der K zwar nicht für den Eigentümer hält, aber an seine Vertretungsmacht glaubt. Zunächst kommt ein gutgläubiger Erwerb nach §§ 929 S. 1, 366 I HGB nicht in Betracht, da K nicht im eigenen Namen verfügt und es damit an der Einigung, § 929 S. 1 BGB, zwischen Nichtberechtigtem und Erwerber fehlt. Allerdings kann man an einen Eigentumserwerb des D nach § 929 S. 1, 164 I BGB, 366 I HGB (ggf. analog) denken.*

Ausweislich der Denkschrift zum Entwurf eines Handelsgesetzbuchs wollte der Gesetzgeber mit § 366 HGB tatsächlich den guten Glauben „an die Befugnis, über eine fremde Sache, sei es im eigenen Namen, sei es im Namen des Eigentümers, zu verfügen" schützen. Allerdings findet diese Intention im Wortlaut des § 366 I HGB keine Stütze. Zu erwägen bleibt eine analoge Anwendung der Norm:

- Dafür besteht jedoch erstens gar **kein praktisches Bedürfnis**, weil wesentliche Fallgruppen über die Anscheins- und Duldungsvollmacht gelöst werden können.
- Für eine Analogie wird vorgetragen, dass im Handelsverkehr regelmäßig nicht genau zwischen Handeln im eigenen und fremden Namen unterschieden werde. Allerdings kann der Dritte in Wahrheit doch schon aus der **Berufsstellung** des Verkäufers erkennen, ob dieser im eigenen Namen handelt oder nicht. Er ist deswegen zweitens regelmäßig **nicht schutzwürdig**.

> *Bsp.: Der Handelsvertreter H handelt definitionsgemäß im fremden Namen, § 84 I 1 HGB. Verfügungsmacht liegt hier regelmäßig gerade nicht vor, denn H kann nur damit betraut sein, Geschäfte zu vermitteln. Deswegen ist ein Dritter D nicht schutzwürdig, denn er kann aus der Berufsstellung des H erkennen, dass dieser wohlmöglich keine Verfügungsmacht hat. Ganz anders ist die Situation bei Kaufleuten, die im eigenen Namen auftreten, wie beim Kommissionär K. Er hat regelmäßig Verfügungsmacht.*

- Im Übrigen wäre ein etwaiger Eigentumserwerb **nicht kondiktionsfest**, denn § 366 I HGB heilt nach einhelliger Auffassung nicht die fehlende Vertretungsmacht im Rahmen des Kausalgeschäfts. Auch dies spricht gegen den Schutz des guten Glaubens an die Vertretungsmacht.

> *Für unser Beispiel bedeutet das, dass der gute Glaube des D an die Vertretungsmacht des K nicht analog § 366 I HGB geschützt wird. Demnach mangelt es an einer wirksamen Einigung zwischen E und D; das Eigentum verblieb daher bei E.*

Zur Vertiefung: JURISTISCHE STREITSTÄNDE, *Sachenrecht (2004)*: **Streitstand 50**
(RICHTER-VERLAG)

3. Lastenfreier Eigentumserwerb

Nach § 366 II HGB erlangt der Erwerber auch (über § 936 BGB hinaus) dann lastenfreies Eigentum, wenn er die Belastung zwar kennt, aber den Verkäufer gutgläubig **für befugt hält, ohne Vorbehalt des Rechts** über die Sache zu verfügen.

4. Besonderheiten beim Pfandrecht

§ 366 I HGB gilt auch für den gutgläubigen Erwerb eines **rechtsgeschäftlichen** Pfandrechts vom Nichtberechtigten. Darüber hinaus bestimmt § 366 III HGB die Anwendbarkeit des Absatzes 1 auch für die **gesetzlichen** Pfandrechte des Kommissionärs, des Frachtführers, des Spediteurs und des Lagerhalters (vgl. §§ 397, 441, 464, 475b HGB).

5. Übungsfall

Fall 5

K kauft beim Möbelgroßhändler M einen Schrank. Dass Hersteller H diesen an M nur unter Eigentumsvorbehalt veräußert hatte, war K bewusst. Allerdings glaubte K, M sei zum Weiterverkauf im ordnungsgemäßen Geschäftsverkehr ermächtigt. In Wahrheit hatte H die Verfügungsbefugnis wegen drohender Insolvenz des M widerrufen. Kann H den Schrank von K herausverlangen?

Lösungsvorschlag

I. H könnte gegen K einen Anspruch auf Herausgabe des Schranks aus § 985 BGB haben.
  1. K ist dessen Besitzer.
  2. H müsste noch Eigentümer des Schranks sein. Jedoch könnte er sein Eigentum an K verloren haben.
     a. K hat kein Eigentum am Schrank von M gemäß §§ 929 S. 1, 185 I BGB erworben, weil H die Ermächtigung des M zum Weiterverkauf widerrufen hatte.
     b. Ein gutgläubiger Erwerb des K gemäß §§ 929 S. 1, 932 I 1 BGB scheidet auch aus, da K nicht an das Eigentum des M glaubte und deshalb nicht redlich war.
     c. In Betracht kommt aber ein Erwerb des K vom Nichtberechtigten M nach §§ 929 S. 1, 932 I 1 BGB, 366 I HGB. § 366 I HGB schützt nämlich auch den guten Glauben an die Verfügungsbefugnis des Veräußerers.
        aa. M ist Kaufmann, er betreibt als Möbelgroßhändler ein Handelsgewerbe nach § 1 HGB.
        bb. Die Veräußerung des Schranks, einer beweglichen Sache, ist nach der Vermutung des § 344 I HGB für M betriebsbezogen.
        cc. Endlich glaubte K an die Verfügungsbefugnis des M, Anzeichen für dessen Widerruf waren ihm nicht ersichtlich.
        dd. Der Schrank ist auch nicht abhanden gekommen, § 935 BGB, so dass K gutgläubig Eigentum an ihm erworben hat.
     d. H ist damit nicht mehr Eigentümer des Schranks gewesen.
  3. Ein Anspruch auf Herausgabe gemäß § 985 BGB scheidet damit aus.

II. Bereicherungsrechtliche Ansprüche hat H gegen K auch nicht.

6. Wiederholung: Besonderheiten des redlichen Erwerbs, § 366 HGB

a. Überblick

Wichtigste Erkenntnis muss sein, dass § 366 HGB den **Gutglaubensschutz** des § 932 BGB **erweitert**, indem auch der gute Glaube an die **Verfügungsbefugnis** geschützt wird. Umstritten ist die Frage, ob auch der gute Glaube an die *Vertretungs*macht für das dingliche Geschäft von der Norm erfasst wird. Die Frage ist zu verneinen. Zum einfacheren Lernen noch einmal die **Tatbestandsvoraussetzungen von § 366 I HGB** im Überblick:

- **Veräußerung** einer **fremden** beweglichen Sache im eigenen Namen
- Veräußerung im Rahmen des Gewerbebetriebs eines Kaufmanns
- Guter Glaube des Erwerbes an die **Verfügungsbefugnis**
- sonstige Voraussetzungen der §§ 932 ff. BGB, insb. § 935 I BGB

b. Wiederholungsfragen

1 Worin liegt der Grund für den erweiterten Gutglaubensschutz des § 366 HGB?

Bei Kaufleuten besteht, auch wenn sie nicht Eigentümer sind, eine hohe Wahrscheinlichkeit dafür, dass sie Verfügungsmacht haben.

2 Stimmt dieser Grund mit der Wirklichkeit überein?

Nein, denn nicht alle Kaufleute sind regelmäßig verfügungsbefugt, man denke nur an Frachtführer oder Lagerhalter. Dem ist zu begegnen, indem man strenge Anforderungen an die Gutgläubigkeit stellt, namentlich die Berufsgruppe berücksichtigt.

3 Nennen Sie zwei Fälle, in denen der § 366 I HGB große Bedeutung hat.

- Kommissionsgeschäfte
- Verkäufe von unter Eigentumsvorbehalt stehender Ware

4 Welche sind die Tatbestandsvoraussetzungen des § 366 I HGB?

- Veräußerer muss Kaufmann sein
- Veräußerung im Betrieb des Handelsgewerbes
- Gutgläubigkeit

5 Kann § 366 HGB auch auf nicht im Handelsregister eingetragene Kleingewerbetreibende angewandt werden?

Nein, denn sie sind keine Kaufleute.

6 Kann § 366 I HGB auch beim Erwerb vom Scheinkaufmann angewandt werden?

Das ist umstritten, aber mit der herrschenden Auffassung abzulehnen, da der vom Scheinkaufmann veranlasste Rechtsschein nicht zu Lasten unbeteiligter Dritter wirken kann.

7 Was bedeutet gutgläubig im Rahmen von § 366 I HGB?

Es gilt der Maßstab des § 932 II BGB. Bei bestimmten Berufsgruppen, wie Frachtführern und Lagerhaltern, ist die Vermutung für Gutgläubigkeit des Dritten im Wege teleologischer Reduktion von § 366 I HGB nicht anzuwenden.

8 Schützt § 366 I HGB auch den guten Glauben an das Bestehen von Vertretungsmacht für das dingliche Geschäft?	Das ist sehr umstritten. Ausführlich: **JURISTISCHE STREITSTÄNDE**, *Sachenrecht*, Streitstand 50
9 Die herrschende Auffassung sieht auch den guten Glauben an die Vertretungsmacht geschützt. Was ist damit gemeint und was nicht?	Vertretungsmacht meint hier: dingliche Vertretungsmacht. Konsequenz: Der schuldrechtliche Vertrag scheitert an fehlender Vertretungsmacht, so dass der zwar wirksame dingliche Rechtserwerb nach §§ 812 ff. BGB rückabgewickelt werden muss.
10 Erlaubt § 366 I HGB den gutgläubigen Erwerb abhanden gekommener Sachen?	Nein, § 935 I BGB gilt. (§ 935 II BGB hingegen findet eine Ausnahmevorschrift in § 367 HGB).

III. Das kaufmännische Zurückbehaltungsrecht

Das bürgerlich-rechtliche Zurückbehaltungsrecht gemäß § 273 I BGB gewährt dem Schuldner das Recht, seine Leistung zu verweigern, bis die ihm gebührende Leistung bewirkt wird. Der fällige Anspruch gegen seinen Gläubiger und jener, auf dem seine Verpflichtung beruht, müssen demselben rechtlichen Verhältnis entspringen. Auf diese **Konnexität verzichtet § 369 I HGB.**

Bsp.: Kaufmann A schuldet Kaufmann B aus einem früheren Handelsgeschäft noch 5.000 Euro. Aus diesem Grund weigert sich B, dem A seinen zweiten Firmenwagen herauszugeben, den er bei Ihm untergestellt hatte. Zu Recht, denn der Anspruch des Gläubigers und der Gegenanspruch des Schuldners müssen nicht auf demselben rechtlichen Verhältnis beruhen.

Achtung: Der **Zurückbehaltungsberechtigte** wird in § 273 I BGB *„Schuldner"* genannt, in § 369 HGB *„Gläubiger"*.

1. Voraussetzungen

a. Sowohl Gläubiger als auch Schuldner der fälligen Forderung müssen **Kaufleute** sein.

b. Gegenstand des kaufmännischen Zurückbehaltungsrechts können – enger als nach § 273 BGB – **nur bewegliche Sachen und Wertpapiere** sein.

c. Die Sachen oder Wertpapiere müssen **im Besitz des Gläubigers** sein. Dieser muss mit Willen des Schuldners begründet worden sein, und zwar auf Grund von Handelsgeschäften.

d. Im Zeitpunkt der Entstehung des Zurückbehaltungsrechts müssen die Sachen oder Wertpapiere **im Eigentum des Schuldners** stehen. Ausnahmsweise kann nach § 369 I 2 HGB auch ein Zurückbehaltungsrecht an Sachen bestehen, die sich im Eigentum des Gläubigers befinden, aber auf den Schuldner zu übertragen und deshalb wirtschaftlich zu seinem Vermögen zu zählen sind.

e. Wie § 273 BGB setzt § 369 I HGB voraus, dass die gesicherte **Forderung**, also die, um derentwillen zurückbehalten werden soll, **fällig** ist. Sie muss zwar nicht konnex sein, aber **aus** zwischen Gläubiger und Schuldner geschlossenen **beiderseitigen Handelsgeschäften stammen**. Darunter fallen nicht nur primäre Leistungsansprüche, sondern auch solche, die in ihnen ihren Rechtsgrund haben, wie solche aus Pflichtverletzung (§§ 280 ff. BGB) sowie Bereicherungsansprüche (§§ 812 ff. BGB).

> *Bsp.: Der Gesellschafter der C-oHG C lässt in der Werkstatt S-Reparaturen e. K. sein privates Cabrio und einen Firmenwagen durchsehen. C zahlt die Rechnung für sein Cabrio sofort, der Betrag für den Firmenwagen bleibt jedoch offen, weil die C-oHG inzwischen insolvent geworden ist. Da der Firmenwagen schon vor einer Woche aus der Werkstatt gegeben wurde, behält S nunmehr das Cabrio des C zurück. – Zwar haftet C für die Schuld der Gesellschaft persönlich, § 128 HGB, und wird daher auch als Kaufmann anzusehen sein (siehe oben S. 12 f.). Jedoch ist der Vertrag über die Durchsicht seines Cabrios für ihn kein Handelsgeschäft, da er seiner privaten Sphäre zuzurechnen ist. Deshalb besteht hier kein Zurückbehaltungsrecht des S nach § 369 I HGB.*

Probleme bereitet vor allem das **Unmittelbarkeitserfordernis** in § 369 I HGB („zwischen ihnen"), weil es sprachlich zu weit gefasst wurde und über seinen Sinn, künstlich geschaffene Zurückbehaltungsrechte zu vermeiden, hinausgeht. Im Wege teleologischer Reduktion **gilt** es daher **nicht** bei

- Gläubigerwechsel durch Erbfall
- Schuldnerwechsel
- Kenntnis des Schuldners vom Forderungsübergang im Zeitpunkt der Übergabe der Sache.

In diesen Fällen kann daher über den Wortlaut von § 369 I HGB hinaus ein kaufmännisches Zurückbehaltungsrecht bestehen, selbst wenn die gesicherte Forderung nicht unmittelbar aus „zwischen ihnen" geschlossenen Handelsgeschäften stammt.

2. Ausschluss

Das Zurückbehaltungsrecht kann sowohl durch **Parteivereinbarung** als auch gemäß **§ 369 III HGB** ausgeschlossen werden.

3. Wirkungen des Zurückbehaltungsrechts

a. Einrede

Mit der Folge, zur Leistung Zug-um-Zug analog § 274 BGB verurteilt zu werden, kann der Gläubiger gegenüber dem Herausgabeanspruch des Schuldners die **Einrede des Zurückbehaltungsrechts** erheben.

Gegenüber **Dritten** wirkt das Zurückbehaltungsrecht aber nach § 369 II HGB nur insoweit, als diesen Einwendungen gegen den Herausgabeanspruch des Schuldners entgegengesetzt werden können. Gemeint sind Fälle wie im Folgenden

> *Bsp.: Autovermietung A hat einen schuldrechtlichen und dinglichen Anspruch auf Herausgabe ihres Cabrios gegen Kaufmann B. Dieser macht jedoch – berechtigt – wegen früher entstandener Gegenforderungen ein kaufmännisches Zurückbehaltungsrecht geltend. Daraufhin veräußert A das Cabrio an D gemäß §§ 929 S. 1, 931 BGB. D fordert von A Herausgabe des Cabrios. – Das Zurückbehaltungsrecht des B besteht hier wegen § 986 II BGB auch gegenüber D, § 369 II HGB.*

b. Verwertungs- und Absonderungsrecht

§ 369 HGB begründet ein **pfandartiges Befriedigungsrecht** am zurückbehaltenen Gegenstand, § 371 I HGB. Da der Gläubiger jedoch, ähnlich wie bei § 1147 BGB, stets einen vollstreckbaren Titel, § 371 III 1 HGB, braucht, ist die so genannte Verkaufsbefriedigung ein relativ **stumpfes Schwert**.

> *Bsp.: Kaufmann A leiht Kaufmann B einen Computer. B verweigert die Rückgabe, weil ihm noch aus einem früheren Handelsgeschäft Forderungen gegen A zustehen. Will sich B aus dem Computer befriedigen, muss er zunächst gegen A klagen und beantragen, ihn zur Gestattung der Befriedigung aus dem Computer zu verurteilen (§ 371 III HGB). Er kann natürlich auch seine Forderung gegen A als solche einklagen, um mit dem so erreichten Vollstreckungstitel in den Computer die Zwangsvollstreckung zu betreiben.*

Wiederum einem Pfandrecht ähnlich berechtigt das kaufmännische Zurückbehaltungsrecht im Insolvenzverfahren des Schuldners den Gläubiger der gesicherten Forderung zur **abgesonderten Befriedigung** aus dem zurückbehaltenen Gegenstand.

Dies ergibt sich aus **§ 51 Nr. 3 InsO**.

IV. Weitere Besonderheiten bei Handelsgeschäften

1. Kaufmännische Sorgfaltspflicht, Erfüllung, Entgeltlichkeit

Viele allgemeine Vorschriften des Handelsgesetzbuches sind von eher untergeordneter Bedeutung und oft eine Selbstverständlichkeit. So sind nach **§ 347 HGB** Verpflichtungen aus einem Handelsgeschäft mit der **Sorgfalt eines ordentlichen Kaufmanns** zu erfüllen. Für die Gattungsschuld bestimmt **§ 360 HGB**, dass **Handelsgut** mittlerer Art und Güte zu liefern sei; Maße, Gewicht, Währung, Zeitrechnung und Entfernung sind im Zweifel am Erfüllungsort zu orientieren, **§ 361 HGB**. Nicht überraschend kann die Leistung ferner nur während der gewöhnlichen Geschäftszeit bewirkt und gefordert werden, so **§ 358 HGB**. Was Frühjahr und Herbst bedeuten und dass „8 Tage" nicht eine Woche, sondern 8 Tage bedeuten, referiert **§ 359 HGB**.

Nach **§ 354 I HGB** hat ein Kaufmann, der in Ausübung seines Handelsgewerbes für einen anderen tätig wird, **auch ohne Verabredung einen Vergütungsanspruch**; bei beiderseitigen Handelsgeschäften besteht ein **Zinsanspruch bereits ab Fälligkeit**.

2. Einschränkung der Wirkung rechtsgeschäftlicher Abtretungsverbote

Entgegen § 399 BGB ermöglicht § 354a I HGB dem Gläubiger eine Abtretung von Forderungen **trotz** Abtretungsverbotes. Nach § 354a I 3 HGB sind **abweichende Vereinbarungen unwirksam**.

Die Vorschrift setzt zunächst eine **Geldforderung aus einem beiderseitigen Handelsgeschäft** voraus. Im Wege verfassungskonformer Auslegung wird sie jedoch auf Freiberufler und Kleingewerbetreibende analog anzuwenden sein. Es darf sich nicht um eine Darlehensforderung eines Kreditinstituts handeln, § 354a II HGB.

Als Rechtsfolge bestimmt § 354a I 1 HGB die **(absolute) Wirksamkeit der Abtretung** trotz Verbots, so dass die neuen Gläubiger bei Zwangsvollstreckung oder Insolvenz des Zedenten gesichert sind.

> **Bsp.:** *Der Bauunternehmer U konnte einen Großauftrag an Land ziehen. Sein Auftraggeber, die X-AG vereinbart mit ihm ein Abtretungsverbot (§ 399 Fall 2 BGB) für alle gegen Sie begründeten Forderungen. Um den Auftrag durchführen zu können, braucht U jedoch Bankkredite. Er bekommt Sie von der B, weil er ihr gegenwärtige und künftige Werklohnforderungen gegen die X-AG abtritt. Die Abtretungen sind nach § 354a I 1 HGB wirksam, so dass die B im Falle der Insolvenz des U gesichert ist.*

Die Schutzvorschrift in § 354a I 2 HGB räumt dem Schuldner ein Wahlrecht ein zu entscheiden, an wen, den Zessionar oder den Altgläubiger, er mit befreiender Wirkung leistet. Das gilt (anders als bei § 407 BGB) sogar dann, wenn der Schuldner die Abtretung der Forderung kennt. Leistet der Schuldner an den Altgläubiger, hat der Zessionar gegen diesen freilich einen Anspruch aus § 816 II BGB, denn er ist nach § 354a I 1 HGB der wahre Berechtigte.

3. Vertragsstrafe

Spielraum für **mehr Privatautonomie** bieten die Erfahrenheit des Kaufmanns und seine geringere Schutzbedürftigkeit. Dieser Gedanke findet sich in § 348 HGB, denn er **schließt die Herabsetzung einer Vertragsstrafe durch ein Gericht nach § 343 BGB aus**. Die Vorschrift setzt voraus, dass die Vertragsstrafe vom Kaufmann im Betrieb seines Handelsgewerbes versprochen wurde. Der Versprechensempfänger braucht freilich kein Kaufmann zu sein.

§ 348 HGB schließt **andere Möglichkeiten** zur Herabsetzung von Vertragsstrafen neben § 343 BGB **nicht aus**. Zu denken ist daher immer an die Regeln über die *Geschäftsgrundlage*, ggf. an eine Inhaltskontrolle nach § 307 I 1 BGB oder an § 138 BGB; diese Normen bleiben anwendbar.

4. Bürgschaft

Ein weiteres Zeugnis für handelsrechtliche Besonderheiten liefern die §§ 349 f. HGB. Sie betreffen die Rechte des im Betrieb seines Handelsgewerbes bürgenden Kaufmanns. In zweifacher Hinsicht finden sich Einschränkungen: Erstens steht dem Kaufmann die **Einrede der Vorausklage nicht zu**, § 349 HGB. Zweitens ist seine Bürgschaftserklärung entgegen der Regelung des § 766 S. 1 BGB **formfrei** gültig, § 350 HGB. Dies gilt immer dann, um es noch einmal mit anderen Worten zu sagen, **wenn die Bürgschaft ein Handelsgeschäft ist**.

5. Übungsfall

Fall 6
Möbelhersteller H liefert Schränke an Großhändler G unter verlängertem Eigentumsvorbehalt, ermächtigt ihn also zur Weiterveräußerung unter der Voraussetzung, dass G die Forderungen aus der Weiterveräußerung der Möbel an ihn abtritt. G veräußert einen Schrank an K, wobei G und K ein Abtretungsverbot vereinbaren. Wie ist die Eigentumslage, wenn
    a) K kein Kaufmann ist und
    b) wenn K Kaufmann ist?

Lösungsvorschlag
A.   Variante a) – K ist kein Kaufmann
    I.   K könnte von G Eigentum am Schrank gemäß §§ 929 S. 1, 185 I BGB erlangt haben. Fraglich ist, ob G zum Weiterverkauf an K ermächtigt war.
        1.   Das ist grundsätzlich beim verlängerten Eigentumsvorbehalt der Fall.
        2.   Jedoch steht die Ermächtigung unter der Bedingung, dass die Forderungen aus dem Weiterverkauf an den Vorbehaltsverkäufer abgetreten werden. G und K haben jedoch ein Abtretungsverbot, § 399 Fall 2 BGB, vereinbart, so dass eben diese Bedingung nicht erfüllt wird. Damit ist auch die Verfügungsbefugnis des G entfallen.
        3.   Eine Veräußerung nach §§ 929 S. 1, 185 I BGB scheidet daher aus.

II. In Betracht kommt allerdings ein gutgläubiger Erwerb des K nach §§ 929 S. 1, 932 I 1 BGB. Fraglich erscheint, ob K als redlich gelten kann. Aus der Vereinbarung des Abtretungsverbots ergibt sich jedoch, dass die Parteien mit einem verlängerten Eigentumsvorbehalt gerechnet haben. Jedenfalls handelte K grob fahrlässig, indem er keine weiteren Erkundigungen hinsichtlich des tatsächlichen Eigentums des G am Schrank anstellte, § 932 II BGB. Damit scheidet ein redlicher Erwerb nach §§ 929 S. 1, 932 I 1 BGB aus. (vgl. JURISTISCHE STREITSTÄNDE, *Sachenrecht*, S. 75)

III. Aus dem gleichen Grund wechselt das Eigentum auch nicht gemäß §§ 929 S. 1, 932 I 1 BGB, § 366 I HGB, denn auch hinsichtlich der Verfügungsbefugnis des G wären Erkundigungen seitens K angezeigt. Verlängerte Eigentumsvorbehalte sind heutzutage derart üblich, dass grob fahrlässig handelt, wer sie nicht in Betracht zieht.

IV. Ist K kein Kaufmann, bleibt H somit Eigentümer am Schrank.

B. **Variante b) – K ist Kaufmann**

K könnte gemäß §§ 929 S. 1, 185 I BGB von G Eigentum am Schrank erworben haben. Fraglich ist, ob auch hier das Abtretungsverbot die Ermächtigung des G zur Weiterveräußerung leer laufen lässt. Möglicherweise ist das Abtretungsverbot jedoch absolut unwirksam, § 354a I HGB.

I. G und K haben ein Abtretungsverbot hinsichtlich einer Geldforderung gemäß § 399 BGB vereinbart.

II. Da K und G Kaufleute sind, ist das im Rahmen ihres Betriebes vereinbarte Abtretungsverbot auch ein Handelsgeschäft. Ein Fall des § 354a II HGB liegt nicht vor.

III. Das Abtretungsverbot ist daher unwirksam, § 354a I HGB.

Damit hat K durch Einigung und Übergabe des Schrankes Eigentum erworben.

6. Wiederholung: Zurückbehaltungsrecht u.a.

a. Übersicht

Wir haben gesehen, dass es eine Vielzahl handelsrechtlicher Modifikationen allgemeiner zivilrechtlicher Vorschriften gibt. Ihnen ist gemein, dass sie die **Privatautonomie** des Kaufmanns erhöhen. Die Tatbestandsvoraussetzungen ergeben sich weitestgehend aus dem Gesetz.

b. Wiederholungsfragen

1 Hinsichtlich welches Tatbestandsmerkmals unterscheiden sich § 273 BGB und § 369 HGB wesentlich?

Im Unterschied zu § 273 BGB setzt § 369 HGB keine Konnexität der Ansprüche voraus.

2 Sind die Forderungen in § 369 I HGB somit völlig unverbunden?

Nein, sie müssen jedenfalls aus beiderseitigen Handelsgeschäften von Schuldner und Gläubiger stammen.

3 Die Forderungen müssen ausweislich des Wortlauts von § 369 I HGB aus zwischen Gläubiger und Schuldner geschlossenen Handelsgeschäften stammen. Ist hier eng auszulegen?

Auszulegen ist nach dem Sinn und Zweck des Unmittelbarkeitskriteriums, nämlich die künstliche Schaffung von Zurückbehaltungsrechten zu vermeiden. Im Wege teleologischer Reduktion findet es daher keine Anwendung bei z. B. Gläubigerwechsel durch Erbfall oder Schuldnerwechsel.

4 Kann das handelsrechtliche Zurückbehaltungsrecht ausgeschlossen werden?

Ja, durch Parteivereinbarung oder gemäß § 369 III HGB.

5 In welcher Weise kann ein handelsrechtliches Zurückbehaltungsrecht Rechtsfolgen entfalten?

Als Einrede, Verwertungsrecht oder Absonderungsrecht.

6. Welchem dinglichen Recht ähnelt das kaufmännische Zurückbehaltungsrecht?

Dem Pfandrecht aufgrund der Möglichkeit der Befriedigung aus dem Verkaufserlös nach § 371 I HGB.

7. Steht dem Kaufmann auch ohne Verabredung ein Provisionsanspruch zu?

Ja, gemäß § 354 I HGB.

8. Rechtsfolge von § 354a I HGB?

Absolute Wirksamkeit einer Abtretung trotz Abtretungsverbots.

9. Kann sich ein Kaufmann per Telefax verbürgen?

Wenn die Bürgschaft für ihn ein Handelsgeschäft ist, steht nach § 350 HGB die Formvorschrift des § 766 BGB nicht entgegen.

10. Ab wann kann ein Kaufmann Zinsen für seine Forderungen verlangen.

Nach § 353 S. 1 HGB bereits ab Fälligkeit des Anspruchs.

2. KAPITEL
DER HANDELSKAUF

Der folgende Abschnitt verdient besondere Beachtung und genaue Lektüre, denn seine Klausurrelevanz ist außerordentlich. Namentlich die Vorschriften zur **Mängelhaftung** beim Handelskauf sind **absoluter Pflichtstoff**. Allerdings liegt seit der Schuldrechtsreform der weite Fehlerbegriff des Handelsrechts nunmehr auch dem BGB zu Grunde.

Der Handelskauf ist ein **Kaufvertrag über Waren** (oder Wertpapiere, § 381 HGB), der für **mindestens** *eine* **Partei Handelsgeschäft** ist. Dem Kauf gleichzustellen ist nach allgemeinen Regeln der Tausch, § 480 BGB. Nach § 381 II HGB fallen überdies Verträge über die Lieferung herzustellender oder zu erzeugender beweglicher Sachen i.S.v. § 651 BGB unter die Vorschriften über den Handelskauf. Im Einzelnen gelten folgende Sonderregelungen:

I. Besondere Folgen des Annahmeverzugs des Käufers

Befindet sich der Käufer im **Annahmeverzug** im Sinne der §§ 293 ff. BGB und ist der Kauf zumindest ein einseitiges Handelsgeschäft (§§ 343 ff. HGB), so ergeben sich über die allgemeinen Rechte des BGB hinaus, § 374 HGB, besondere Rechtsfolgen aus § 373 HGB.

1. Hinterlegung

Die Hinterlegung als ein Erfüllungssurrogat ist sowohl dem Bürgerlichen Recht, §§ 372 ff. BGB, als auch dem Handelsrecht bekannt. Befindet sich der Schuldner in Annahmeverzug, soll sich der Verkäufer von den Lasten der Aufbewahrung befreien können. Die Position des Verkäufers wird im Handelsrecht in zweierlei Hinsicht **verstärkt**:

- Anders als im BGB ist die Hinterlegungsfähigkeit nicht auf Geld, Wertpapiere und sonstige Urkunden oder Kostbarkeiten beschränkt. In Betracht kommt vielmehr **jede Ware**, § 373 I HGB.

- Hinterlegt werden kann auch **in jeder sicheren Weise**; auf das Amtsgericht am Leistungsort (§ 1 II Hinterlegungsordnung) ist die Partei eines Handelskaufs **nicht** ausschließlich verwiesen.

Wichtig ist, dass – anders als im BGB – durch handelsrechtliche Hinterlegung **keine Erfüllung** eintritt, § 373 I HGB. Die Bedeutung von § 373 I HGB liegt daher ausschließlich in der Befreiung des Verkäufers von den Kosten der Aufbewahrung und Obhut.

2. Selbsthilfeverkauf

a. Auch beim Selbsthilfeverkauf sind die Rechte des Verkäufers durch das Handelsrecht **verstärkt**. Weder das Erfordernis einer hinterlegungsunfähigen Sache noch das einer Versteigerung am Leistungsort (so aber § 383 BGB) sind nämlich einschlägig. Nach vorheriger Androhung kann die eine Partei des Handelskaufs nach § 373 II HGB **Waren mit Marktpreis aus freier Hand verkaufen,** wenn der Käufer im Annahmeverzug ist. Insoweit steht ihm also ein Wahlrecht zwischen Hinterlegung und Selbsthilfeverkauf zu.

b. Ist der Selbsthilfeverkauf **ordnungsgemäß**, sind also die Formalien des § 373 II HGB gewahrt, tritt **Befreiung** von der Lieferpflicht ein. Der Verkauf erfolgte für Rechnung des säumigen Käufers (§ 373 III HGB), ihm gebührt demnach auch der Erlös der Versteigerung, insbesondere auch etwaiger Mehrerlös, § 667 BGB. Der Käufer schuldet dem Verkäufer den Kaufpreis.

c. Bei **nicht ordnungsgemäßem** Selbsthilfeverkauf (z. B., wenn die vorherige Androhung der Versteigerung nach § 373 II 1 HGB unterblieb) können die gleichen Rechtsfolgen eintreten, wenn es sich dabei um eine berechtigte Geschäftsführung ohne Auftrag handelte. Anderenfalls braucht der Käufer ihn nicht gegen sich gelten zu lassen.

II. Fixhandelskauf

1. Soll nach dem Willen der Parteien die **Leistungszeit so wesentlich** sein, dass mit ihrer Einhaltung der **Vertrag steht oder fällt**, spricht man von einem relativen Fixgeschäft (vgl. § 323 II Nr. 2 BGB), § 376 I HGB. Dafür genügt nicht, dass ein bestimmter Kalendertag für die Lieferung festgelegt wurde; vielmehr muss die spätere Leistung ausweislich der Parteivereinbarung für den Gläubiger kein Interesse mehr haben. Im Handelsverkehr sind Fixklauseln wie **„fix", „exakt", „präzise"** üblich.

2. Bei Nichteinhaltung der Leistungszeit steht dem Gläubiger gemäß § 376 HGB ein **Rücktrittsrecht ohne weitere Voraussetzungen** zu, § 376 I 1, Fall 1. Dies entspricht nunmehr der Rechtslage im BGB, vgl. § 323 II Nr. 2 BGB.

Überdies kann der Gläubiger bei Verzug ohne Nachfristsetzung Schadenersatz statt der Leistung verlangen, § 376 I 1, Fall 2 HGB.

3. Dem Gläubiger bleibt nach handelsrechtlicher Vorschrift der **Erfüllungsanspruch** nur erhalten, wenn er sofort – das heißt **ohne** *jede* Verzögerung – nach Ablauf der Zeit oder Frist dem Gegner **anzeigt**, auf Erfüllung zu bestehen, § 376 I 2 HGB. Regelmäßig wird deshalb die ursprünglich vorgesehene Abwicklungsform, namentlich Erfüllung, entfallen.

III. Besonderheiten der Mängelhaftung beim Handelskauf

Gewährleistungsansprüche aus einem Handelskauf sind **durch § 377 HGB beschränkt**. Diese Vorschrift begründet zu Lasten des Käufers eine **Rügeobliegenheit**, will dieser seine Rechte auf etwa Nacherfüllung (§§ 437 Nr. 1, 439 BGB), Rücktritt oder Minderung (§§ 437 Nr. 2, 441 BGB) nicht verlieren. Indem der Verkäufer schnell Klarheit über die ordnungsgemäße Abwicklung des Vertragsverhältnisses erhält, wird er geschützt; Einfachheit, Schnelligkeit und Sicherheit des Handelsverkehrs bei Leistungsstörungen im Handelskauf werden befördert.

1. Voraussetzungen der Rügeobliegenheit

Übersicht:

* beiderseitiger Handelskauf
* Ablieferung der Ware durch den Verkäufer
* Sachmangel
* kein Ausschluss der Rügeobliegenheit

a. Beiderseitiges Handelsgeschäft

Sowohl Käufer als auch Verkäufer müssen **Kaufleute** sein und im Rahmen ihres Handelsgewerbes (§ 343 HGB) tätig geworden sein. § 377 HGB im Wege der Analogie auch auf Freiberufler oder nicht ins Handelsregister eingetragene Kleingewerbetreibende anzuwenden, dürfte über die Grenzen erlaubter Rechtsfortbildung hinausgehen und ist angesichts der strengen Rechtsfolgen dieser Vorschrift im Interesse der Rechtsklarheit und Rechtssicherheit abzulehnen.

Die Voraussetzungen eines beiderseitigen Handelsgeschäfts müssen **im Zeitpunkt des Vertragsschlusses** vorliegen.

b. Ablieferung der Ware

Wenn § 377 HGB Ablieferung der Ware beim Käufer voraussetzt, ist damit gemeint, dass dieser in eine **tatsächliche räumliche Beziehung** zur Ware kommt, um ihre Beschaffenheit prüfen zu können. Voraussetzung ist weiter, dass *alle* wesentlichen Teile übergeben werden, und sei es an eine Hilfsperson. Ablieferung ist nach Sinn und Zweck des Ablieferungskriteriums – Möglichkeit des Käufers zur Überprüfung der Ware – auszulegen.

> *Bsp.: An einer Ablieferung fehlt es, wenn eine Computeranlage ohne Handbücher geliefert wurde, da hier die tatsächliche Möglichkeit der Prüfung der Beschaffenheit nicht ohne weiteres gegeben war.*

c. Mangel der Ware

Die abgelieferte Ware muss mangelhaft sein. Wann der Verkäufer seiner Erfüllungspflicht aus § 433 I 2 BGB zur Lieferung eines mangelfreien Kaufgegenstandes nicht nachgekommen ist, richtet sich nach § 434 BGB und ist nach der Schuldrechtsreform ausschließlich BGB-

Materie. Handelsrechtliche Besonderheiten bestehen insoweit nicht mehr. Neben Qualitätsabweichungen gelten nunmehr nämlich schon im BGB gemäß § 434 III BGB die Lieferung eines aliuds (=Falschlieferung) sowie Zuweniglieferungen (=Quantitätsmangel) als Mängel. Damit ist der so genannte „erweiterte Fehlerbegriff" für das ganze Zivilrecht gültig. Im Einzelnen:

- Die Ware ist mangelhaft, wenn sie
  - o nicht die **vereinbarte Beschaffenheit** hat, § 434 I 1 BGB, oder
  - o nicht für die vertraglich **vereinbarte Verwendung** geeignet ist, § 434 I 2 Nr. 1 BGB, oder
  - o nicht die **gewöhnliche Verwendungseignung** bzw. die **übliche** und von einem Durchschnittskäufer erwartete **Beschaffenheit** besitzt, § 434 I 2 Nr. 2 BGB.

    Bsp.: Die gelieferten Birnen sind verfault.

Ein Sachmangel kann sich auch aus Abweichungen von eigenschaftsbegründenden Werbeaussagen gemäß § 434 I 3 BGB oder aus der sog. Ikea-Klausel, § 434 II BGB, ergeben.

- Nach altem Recht lag ein Mangel vor, wenn die gelieferte Sache eine andere als die geschuldete war, § 378 HGB a.F. Voraussetzung war aber, dass die gelieferte Ware nicht offensichtlich von der Bestellung so erheblich abwich, dass der Verkäufer die Genehmigung des Käufers schlechterdings als ausgeschlossen betrachten musste. Das ist heute im Detail umstritten. Eine denkbare Argumentation lautet: Nach § 434 III BGB steht es einem Sachmangel gleich, wenn der Verkäufer eine andere Sache liefert. Durch Lieferung eines **aliuds** liegt damit ohne weiteres ein Sachmangel vor. Der Fehlerbegriff ist insofern nach der Schuldrechtsreform noch weiter als der des § 378 HGB a.F., da auf die Genehmigungsfähigkeit verzichtet wird.

  Bsp.: Statt gemahlenen Pfeffers wird nur wertloses Pulver einer Kokosschale geliefert.

Anders wird teilweise bei Extremabweichungen entschieden. Wieder andere differenzieren zwischen offenen und verdeckten aliuds, teilweise aus der Sicht eines objektivierten Empfängers.

Zu den Einzelheiten siehe

STREITSTAND **8** in STREITSTÄNDE KOMPAKT, **Schuldrecht BT.**

Umstritten ist jedoch auch, ob § 434 III BGB nur bei Falschlieferungen beim Gattungskauf oder auch beim Stückkauf anwendbar ist. Der Gesetzeswortlaut lässt jedenfalls einen eingeschränkten Anwendungsbereich nicht erkennen, und auch die Absicht des Gesetzgebers, schwierige Abgrenzungen zwischen Schlechtleistung und aliud entbehrlich zu machen, spricht für die Anwendbarkeit von § 434 III BGB auf Stückschulden. Ebenso gilt es nach § 434 III BGB als Mangel, wenn weniger als die vereinbarte **Menge** geliefert wird.

Bsp.: Statt der vereinbarten 1000 Dosen Fisch werden 900 geliefert.

Zuviellieferungen sind von § 434 III BGB **nicht** erfasst. Eine Analogie scheidet mangels planwidriger Regelungslücke aus: Der Gesetzgeber hatte § 378 HGB, der für Mengenfehler schlechthin galt, gestrichen, und die Beschränkung in § 434 III BGB auf Minderlieferungen erfolgt bewusst. Für diesen Fall gelten bereicherungsrechtliche Grundsätze.

d. Ausschluss der Rügelast

In bestimmten Fällen **entfällt** die Rügelast des Käufers, namentlich wenn

- der Verkäufer den Mangel **arglistig verschwiegen** oder eine Eigenschaft arglistig vorgespielt hat, § 377 V HGB oder

- der Verkäufer auf seinen Schutz durch entsprechende **Vereinbarung verzichtet** hat.

- Nach altem Recht entfiel die Rügeobliegenheit auch, wenn bei Falschlieferung und Mengenfehlern die gelieferte **Ware nicht genehmigungsfähig** war, das heißt der Verkäufer die Genehmigung wegen offensichtlicher und so erheblicher Abweichungen der gelieferten Waren von der Bestellung als ausgeschlossen betrachten musste. Nach neuem Recht kommt es auf die Genehmigungsfähigkeit aber nicht mehr an. Dadurch gewinnt die Rügeobliegenheit des Kaufmanns nochmals stark an Gewicht: Schon jede beliebige Leistung des Schuldners erfordert nach § 377 I HGB nunmehr die Reaktion des Käufers, möchte er seine Sachmängelgewährleistungsrechte aus § 437 BGB nicht verlieren.

2. Verletzung der Rügeobliegenheit

Besteht zu Lasten des Käufers eine Rügeobliegenheit, sind seine Gewährleistungsrechte gemäß § 377 HGB aber nur dann ausgeschlossen, wenn er die Rügeobliegenheit verletzt hat. Eine Rüge ist aber ordnungsgemäß, wenn sie deren inhaltlichen Anforderungen entspricht **und** rechtzeitig erfolgt ist.

a. Anzeige des Mangels

Eine ordnungsgemäße Rüge muss **Art und Umfang des gerügten Mangels** aus dessen Anzeige hinlänglich erkennen lassen. Mehrere Mängel sind **einzeln aufzuführen**. Allgemeine Bezeichnungen genügen nicht. Zum

> *Bsp: Nicht ausreichend sind Angaben wie „Schund", „unbrauchbar" und „vertragswidrig".*

b. Rechtzeitigkeit

aa. Allgemeines

Nach § 377 IV HGB **genügt** zur Erhaltung der Rechte des Käufers **rechtzeitige Absendung** der Anzeige. Sie muss als Wissensmitteilung gemäß § 130 BGB analog zugehen. Der BGH und mit ihm die herrschende Lehre gehen weiter davon aus, dass § 377 IV HGB nur für den Verspätungsfall gilt, hingegen für den Fall, dass die Anzeige gar nicht ankommt, keine Anwendung findet. Das **Verlustrisiko bliebe** danach entgegen der Intention der Gesetzesverfasser und des insoweit eindeutigen Wortlauts der Norm **beim Käufer**. Diese Auffassung ist methodologisch nur schwer zu rechtfertigen, aber wohl richtig. Sie kann sich auf eine objektiv-teleologische Betrachtungsweise stützen und vorgeben, dass die Anzeige dem Verkäufer nichts nützt und ihren Zweck nicht erfüllen kann, wenn sie nicht einmal zugeht. Außerdem sei dem Kaufmann zuzumuten, sich des Zugangs zu versichern; schlägt er fehl, wird man ihm aber Wiederholung der Anzeige zu gestatten haben.

bb. Unverzüglichkeit

Die Mängelrüge ist rechtzeitig erhoben, wenn sie unverzüglich, also **ohne schuldhaftes Zögern** im Sinne von § 121 I 1 BGB erfolgt ist. Dieser Maßstab wird grundsätzlich **streng ausgelegt**, bei verderblicher Ware kann er wenige Stunden meinen. Jedoch gilt es zu differenzieren, ob die Mängel der gelieferten Ware bei gehöriger Untersuchung erkennbar waren oder nicht.

- Ist der Mangel **evident**, muss der Käufer ihn **mit der Ablieferung** erkennen und unverzüglich rügen.

- Liegen Mängel vor, die **erst im Wege ordnungsgemäßer**, aber durchaus zumutbarer, **Untersuchung** festgestellt werden können, laufen im Grunde **zwei Fristen**. Die erste beginnt unmittelbar mit Ablieferung des Gegenstands und bezieht sich auf die Untersuchungspflicht. Die zweite beginnt mit Abschluss der Untersuchung und betrifft die Absendung der Rüge. Jeweils ist Unverzüglichkeit, allerdings nacheinander, erforderlich.
  Bsp.: Händler H kauft bei Großhändler G 1000 Flaschen Apfelmost. Führt H bei Lieferung keine Stichproben in angemessener Zahl durch, kann er später entdeckte Mängel nicht geltend machen.

- **Verborgene Mängel**, also solche, die auch im Wege ordnungsgemäßer Untersuchung nicht erkennbar waren, lösen **keinen Fristlauf** aus. Erst mit Entdeckung des Mangels hat der Käufer, dann aber wiederum unverzüglich, zu rügen, § 377 III HGB.
  Bsp.: Hat unser H bei Lieferung Stichproben in angemessener Zahl durchgeführt und war der Most insoweit einwandfrei, gilt die Ware als untersucht. Zeigt sich später ein Mangel, hat er dann unverzüglich zu rügen.

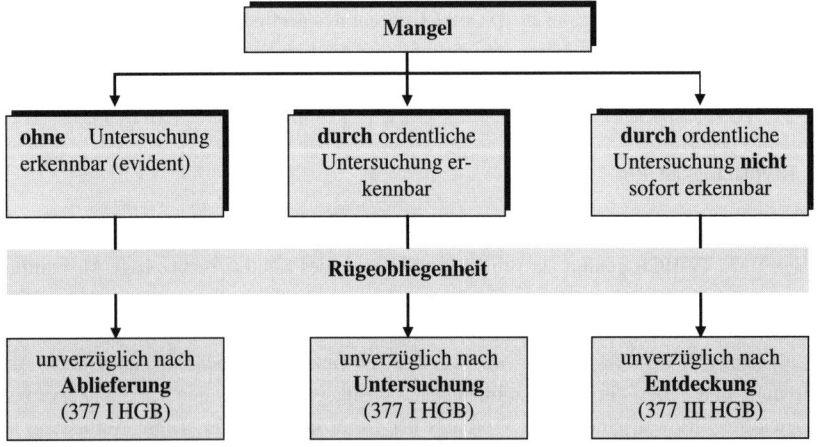

a. Konsequenzen ordnungsgemäßer Rüge

aa. Hat der Käufer ordnungsgemäß gerügt, behält er seine Rechte wegen des Mangels der Ware. Dies bereitet bei **Quantitäts- und Qualitätsfehlern** keine Probleme; es gelten die allgemeinen Regeln, insbesondere besteht ein Anspruch auf Nacherfüllung. Bei Mehrlieferung braucht der Käufer zuviel Geleistetes nicht zu behalten und nicht zu bezahlen. Bei Minderlieferung und Qualitätsfehlern kann er nach erfolglosem Nacherfüllungsverlangen Rücktritt oder Minderung (§ 437 Nr. 2 BGB) und Schadenersatz statt der Leistung (§ 437 Nr. 3 BGB) geltend machen.

bb. Die aus altem Recht bekannten schwierigen Abgrenzungen zwischen **Falsch- und Schlechtlieferungen** haben sich erledigt. Heute gilt, wenn der Käufer ordnungsgemäß gerügt hat, einheitlich **Sachmängelgewährleistungsrecht**.

b. Konsequenzen nicht ordnungsgemäßer Rüge

Versäumt der Käufer die Anzeige, **gilt die Ware als genehmigt**, § 377 II HGB, und er muss sie als vertragsgemäß anerkennen. Rechte sind dann insoweit ausgeschlossen, **als sie auf der Mangelhaftigkeit der Sache beruhen**.

aa. Qualitätsmängel

Bei Schlechtlieferung muss der Käufer die Sache **behalten** und kann **keine Gewährleistungsrechte** mehr geltend machen. Das soll auch für mit dem Vertrag im Zusammenhang stehende Rechte gelten, also insbesondere auch für Rechte wegen Pflichtverletzung, soweit diese als „Gewährleistungsrechte im weiteren Sinne" anzusehen sind. Ausgeschlossen sind demnach Ansprüche und Gestaltungsrechte, die sich aus § 437 BGB ergeben. Davon nicht erfasst sind einerseits Ansprüche wegen Verletzung vertraglicher *Neben*pflichten und Ansprüche aus Delikt andererseits.

> *Bsp.*: Infolge mangelhafter Korken verdirbt der Wein der Weinkellerei W. Hat W verspätet gerügt, sind nach Urteil des BGH zwar vertragliche Schadensersatzansprüche gegen den Korkenhersteller ausgeschlossen, deliktische sollen aber unberührt bleiben.

bb. Falschlieferung

(1) Auch die Nichtrüge einer Falschlieferung führt zum **Rechtsverlust**. Der Verkäufer hat dann nämlich durch das Aliud **erfüllt**. Ist die gelieferte Sache **weniger wert** als die bestellte, muss der Käufer den vollen Kaufpreis zahlen. Umstritten ist der umkehrte Fall, nämlich ob § 377 HGB auch einen Anspruch auf den höheren Preis gibt, namentlich wenn das Aliud **wertvoller** als die vereinbarte Sache ist. Dies ist nicht der Fall. Will der Verkäufer die Falschlieferung wieder rückgängig machen, muss er § 812 I 1 BGB bemühen und auf die Genehmigungsfiktion des § 377 HGB schlicht verzichten.

cc. Mengenfehler

(1) Wurde **zu wenig** geliefert, hat der Verkäufer mit der Minderleistung erfüllt. Er hat einen Anspruch auf den vollen Kaufpreis, wenn nicht er selbst von einer Minderleistung ausging, indem er diese etwa auf dem Lieferschein ausgewiesen hat und deshalb nicht schutzwürdig ist.

(2) Im Fall der Zuviellieferung ist der Verkäufer auf § 812 I 1 BGB verwiesen. Dagegen wird vorgetragen, dass sich die nicht ordnungsgemäße Rüge so zum Nachteil des Verkäufers auswirke, wenn er nur einen Kondiktionsanspruch habe. Vielmehr sei der Vertrag als durch die Mehrlieferung erweitert anzusehen; der Käufer habe die ganze gelieferte Menge zu bezahlen. Zu Recht wird dem jedoch entgegengehalten, dass allenfalls bei offenen Mengenabweichungen und nur, wenn der höhere Kaufpreis auch angegeben sei, ein stillschweigendes Angebot des Verkäufers unter Verzicht auf Zugang der Annahmeerklärung im Sinne von § 151 BGB angenommen werde könne. § 377 HGB regelt den Rechtsverlust des Käufers und soll dem Verkäufer Gewissheit über die vertragsgemäße Erfüllung verschaffen. Darüber hinaus geht er aber nicht.

Bsp.: Kaufmann V liefert Äpfel an L-Lebensmittel e.K. Er berechnete die bestellte Menge von 400 kg, geliefert wurden tatsächlich 420 kg. Niemand rügt. L verkauft die gesamte Ware an D, V verlangt Nachzahlung von L. Durch § 377 HGB können nur solche Ansprüche erhalten werden, die der Verkäufer tatsächlich hat. Ein Vertrag über 420 kg Äpfel ist aber nicht zustande gekommen, auch nicht im Wege einer Vertragserweiterung bei Lieferung. Vielmehr kann V von L gemäß §§ 812 I 1, Fall 1, 818 II BGB den Wert der 20 kg Äpfel herausverlangen.

V. Übungsfall

Fall 7

Kunsthändler K kauft bei Antiquitätenhändler V ein Bild zu einem Preis von 20.000 Euro, nicht, um es weiterzuverkaufen, sondern um sein Büro zu verschönern. V ist überzeugt und sichert ausdrücklich gegenüber K zu, es handele sich um ein Werk des berühmten Malers Waldner. Tatsächlich hatte Waldner ein solches Bild nie gemalt. K kennt sich in bildenden Künsten nicht so gut aus und vertraut daher auf das Urteil und die Versicherung des V.

Nachdem das Bild schon eine Woche bei K hing, entschloss er sich, es doch weiterzuverkaufen. Deshalb beauftragt er den Sachverständigen S, der feststellt, dass es sich um eine Fälschung handelt; ein Original wäre mindestens 27.000 Euro wert, das erstandene höchstens 8.000 Euro. Am nächsten Tag ruft K bei V an und berichtet ihm vom Ergebnis der Untersuchungen des S. Er gibt weiter zu verstehen, das Bild dennoch behalten zu wollen, aber von V Schadenersatz zu verlangen. Zu Recht?

Lösungsvorschlag

K könnte gegen V einen Anspruch auf Schadenersatz statt der Leistung gemäß §§ 437 Nr. 3, 311a II 1 BGB haben.

I.   Anspruchsvoraussetzungen

    1.   Der Anspruch des K gegen V aus §§ 437 Nr. 3, 311a II 1 BGB setzt zunächst einen wirksamen Kaufvertrag voraus. V und K sind handelseinig geworden. Eine Anfechtung wurde nicht erklärt, § 143 I BGB. § 123 BGB wegen arglistiger Täuschung ist mangels Arglist des V auch unbegründet und hinsichtlich eines Irrtums über die Echtheit als verkehrswesentliche Eigenschaft im Sinne von § 119 II BGB gegenüber dem Sachmängelgewährleistungsrecht nach Gefahrübergang auch subsidiär.

    2.   Das Bild war nicht echt und hatte damit nicht die vereinbarte Beschaffenheit gemäß § 434 I 1 BGB. Es war mangelhaft.

    3.   Die fehlende Echtheit des Bildes ist ein unbehebbarer Mangel und lag auch schon bei Vertragsschluss vor, § 311a I BGB. Die Wirksamkeit des Vertrages bleibt davon unberührt, § 311a I BGB.

    4.   V hat deutlich gemacht, für die Echtheit des Bildes einstehen zu wollen und diese Eigenschaft im Sinne von § 276 I BGB garantiert. Deshalb hat er seine Unkenntnis vom Leistungshindernis zu vertreten, § 311a II 2 BGB.

    5.   K ist deshalb grundsätzlich so zu stellen, wie er stünde, besäße die Sache die garantierte Eigenschaft. Der Schadenersatzanspruch ist deshalb auf 19.000 Euro zu beziffern.

II. Einwendungen

Der Anspruch ist jedoch ausgeschlossen, wenn K eine Obliegenheit zur Mängelrüge hätte und dieser nicht rechtzeitig nachgekommen wäre, § 377 II HGB.

1. Der Kauf des Bildes muss sowohl für K also auch V ein Handelsgeschäft im Sinne von § 343 HGB sein.

   a. K und V betreiben Gewerbe, die nach § 1 II HGB grundsätzlich Handelsgewerbe sind. Damit sind K und V Kaufleute nach § 1 HGB.

   b. Der Verkauf eines Bildes gehört jedenfalls zum Betrieb des Handelsgewerbes des V. Gleiches gilt aber auch für K, selbst wenn er es nicht in der Absicht erstand, es weiterzuveräußern. Denn einerseits zählen auch Nebengeschäfte wie die Anschaffung der Büroeinrichtung zum Handelsbetrieb, jedenfalls aber hilft die Vermutung des § 344 I HGB. Danach gilt der Kauf des Bildes im Zweifel als zum Handelsgewerbe des K gehörig.

2. Das Bild ist auch in den Machtbereich des K gelangt und wurde damit abgeliefert.

3. Dessen fehlende Echtheit ist ein Mangel gemäß § 434 I 1 BGB, § 377 HGB

4. Fraglich ist allerdings der Umfang der sich für K aus § 377 HGB nunmehr ergebenden Obliegenheit.

   a. K muss Mängel unverzüglich rügen, soweit sie durch ordnungsgemäße Untersuchung gemäß § 377 I HGB erkennbar waren. Echtheitsmängel jedoch sind auch im Wege ordnungsgemäßer Untersuchung regelmäßig nicht zu erkennen. Das gilt umso mehr, als sich K in bildenden Künsten nicht auskennt. Deshalb traf ihn keine Rügeobliegenheit unmittelbar nach Ablieferung und Untersuchung des Bildes.

   b. Allerdings hat K nach § 377 III HGB unverzüglich anzuzeigen, wenn er Kenntnis von einem Mangel erhält. K hat am auf das Sachverständigenurteil folgenden Tag bei V angerufen und ihn über die Unechtheit des Bildes orientiert. Da Mängelrügen grundsätzlich formfrei, also auch telefonisch zulässig sind, ist K damit, weil ohne schuldhaftes Zögern, seiner Obliegenheit nachgekommen.

5. Der Schadenersatzanspruch des K ist damit nicht gemäß § 377 II HGB ausgeschlossen.

VI. Wiederholung

1. Überblick: Mängelhaftung beim Handelskauf

Rufen Sie sich Folgendes nochmals in Erinnerung:
* Die Rügeobliegenheit nach § 377 HGB ist nur bei beiderseitigen Handelskäufen relevant.
* Der Aufbau erfolgt in drei Schritten:
  * Besteht Rügepflicht?
    * beiderseitiger Handelskauf
    * Ablieferung (Zweck: Prüfungsfähigkeit der Leistung durch Empfänger)
    * Mangel
    * kein Ausschluss (Arglist, § 377 V HGB)
  * Wurde ordnungsgemäß gerügt?
    * Anzeige des Mangels
    * unverzüglich
  * Welche sind die Rechtsfolgen?

2. Wiederholungsfragen

1 Was ist ein Handelskauf?

Ein Handelskauf ist ein zumindest einseitiges Handelsgeschäft (§§ 343, 345 HGB) über Waren oder Wertpapiere, § 381 I HGB. Darunter fallen nicht nur Kaufverträge, § 433 BGB, sondern auch Tausch, § 480 BGB, und Werklieferungsvertrag über herzustellende oder zu erzeugende bewegliche Sachen, § 381 II HGB.

2 Inwiefern ist das Hinterlegungsrecht des Verkäufers im HGB erweitert?

Jede Ware kann hinterlegt werden, und zwar auch in jeder sicheren Weise, § 373 I HGB.

3 Inwiefern ist das Hinterlegungsrecht des Verkäufers im HGB enger als im BGB?

Die Hinterlegung hat keine Erfüllungswirkung.

4 Wo ist der handelsrechtliche Selbsthilfeverkauf geregelt?

In § 373, Abs. 2 ff. HGB.

5 Welche ist die Rechtsfolge des Selbsthilfeverkaufs?

Erfüllung gegenüber dem Käufer.

6 Wann bleibt dem Gläubiger beim Fixhandelskauf sein Erfüllungsanspruch erhalten?

Wenn er sofort anzeigt, auf Erfüllung zu bestehen, siehe § 376 I 2 HGB.

7 Welches Recht steht dem Käufer ohne weiteres zu, wenn der Verkäufer bei einem Fixhandelskauf die Lieferzeit nicht einhält?

Ein Rücktrittsrecht nach § 376 I 1 HGB.

8 In welchen drei Schritten empfiehlt sich eine Prüfung von § 377 HGB?	1. Voraussetzungen der Rügeobliegenheit 2. Verletzung der Rügeobliegenheit 3. Rechtsfolgen
9 Welche sind die Voraussetzungen der Rügeobliegenheit nach § 377 HGB?	- beiderseitiger Handelskauf - Ablieferung der Ware - Mangel - kein Ausschluss
10 Welcher Zweck ist für die Auslegung des Kriteriums der „Ablieferung" in § 377 I HGB maßgeblich?	Dem Käufer soll ermöglicht werden, die Ware zu untersuchen. Sie muss deshalb in entsprechender Weise in seinen Machtbereich gelangen.
11 Ist der Mangelbegriff des § 377 HGB weiter als der des BGB?	Nach der Schuldrechtsreform bestehen insoweit keine Unterschiede zwischen HGB und BGB.
12 Wann ist die Schuldrechtsreform in Kraft getreten?	Am 1.1.2002.
13 In welchen Fällen besteht die Rügelast des Käufers nicht?	- bei Arglist des Verkäufers und - bei entsprechender Vereinbarung
14 Hat die „Nicht-Genehmigungsfähigkeit" des § 378 Hs. 2 HGB a.F. noch Bedeutung?	Grundsätzlich nicht, denn § 378 HGB a.F. wurde aufgrund des schon erweiterten Fehlerbegriffs des BGB gestrichen. Erwägenswert ist allerdings, aus teleologischen Gründen bei Extremabweichungen o. ä. Einschränkungen vorzunehmen.
15 Welchen Inhalt erfordert die Mangelanzeige?	Art und Umfang des Mangels müssen angezeigt werden.
16 Welche drei Mangelkategorien sind bei der Auslegung des Kriteriums "rechtzeitig" zu unterscheiden?	- ohne Untersuchung erkennbare Mängel - durch Untersuchung erkennbare Mängel - durch ordnungsgemäße Untersuchung nicht erkennbare Mängel
17 Wo steht, dass Mängel jedenfalls unverzüglich nach ihrer Entdeckung angezeigt werden müssen?	In § 377 III HGB.
18 Welche sind die Konsequenzen ordnungsgemäßer Rüge?	Bei Qualitätsmängeln, Zuweniglieferung und Falschlieferung gilt einheitlich Sachmängelgewährleistungsrecht. Wurde zuviel geliefert, hat der Käufer keine Zahlungspflicht.
19 Was ist die grundsätzliche Rechtsfolge nicht ordnungsgemäßer Rüge?	Genehmigungsfiktion des § 377 II HGB.
20 Was bedeutet die Genehmigungsfiktion des § 377 II HGB im Einzelnen?	- Verlust aller Gewährleistungsrechte - Pflicht zur Zahlung des Kaufpreises bei Minderlieferung - bei Mehrlieferung str.: wohl keine Pflicht zur Zahlung des erhöhten Kaufpreises; aber Bereicherungsanspruch des Verkäufers

3. KAPITEL
DAS KOMMISSIONSGESCHÄFT

I. Begriff

Nach § 383 I HGB ist Kommissionär, wer es gewerbsmäßig übernimmt, Waren oder Wertpapiere für Rechnung eines anderen (des Kommittenten) im eigenen Namen zu kaufen (Einkaufskommission) oder zu verkaufen (Verkaufskommission). Die Vorschriften über das Kommissionsgeschäft, §§ 384 ff. HGB, finden nicht nur auf Kaufleute Anwendung, sondern gemäß **§ 383 II HGB auch auf Kleingewerbetreibende.**

Der Kommissionär kauft oder verkauft **im eigenen Namen für fremde Rechnung.** Er tritt damit nicht als Stellvertreter seines Auftraggebers, des Kommittenten, auf; vielmehr liegt ein Fall **mittelbarer Stellvertretung** vor (siehe S. 111). Regelmäßig handeln 3 Personen, und entsprechend viele Rechtsgeschäfte werden abgeschlossen:

Der Kommittent schließt als Auftraggeber mit dem Kommissionär einen **Kommissionsvertrag** ab. Um nun die Waren oder Wertpapiere zu kaufen oder zu verkaufen, kontrahiert der Kommissionär mit einem Dritten; diesen Vertrag nennt man **Ausführungsgeschäft.** So erlangte Rechte oder Waren auf den Kommittenten zu übertragen, ist Zweck des dritten Vertrages, des **Abwicklungsgeschäfts** zwischen Kommissionär und Kommittent. Im Einzelnen gilt:

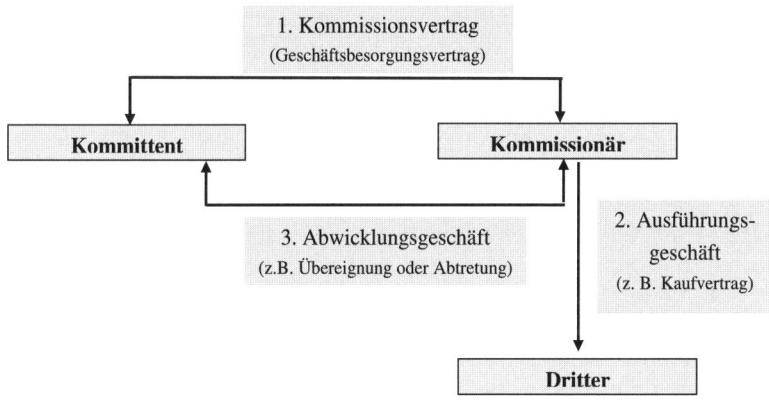

II. Der Kommissionsvertrag

1. Anwendbares Recht

Die vertraglichen Rechte und Pflichten im Verhältnis des Kommissionärs zum Kommittenten bestimmt der Kommissionsvertrag. Dabei handelt es sich um einen **formlos gültigen Geschäftsbesorgungsvertrag** im Sinne von § 675 BGB. Daraus folgt, dass neben §§ 383 ff. HGB ergänzend **Auftragsrecht** Anwendung finden kann.

Im Übrigen ist streitig, ob für verbleibende Lücken Werkvertrags- oder Dienstvertragsrecht gilt. Die herrschende Meinung will bei einem einzigen zu tätigendem Geschäft Werkvertragsrecht, bei ständiger Betrauung des Kommissionärs Dienstvertragsrecht anwenden. Richtig dürfte sein, herauszustellen, dass der Kommissionär **keinen Erfolg als solchen schuldet**, sondern lediglich sorgfältige Tätigkeit zur Herbeiführung eines Vertragsschlusses, so dass regelmäßig **Dienstvertragsrecht** anzuwenden ist. Das hat praktische Relevanz, denn so kann auch der Kommissionär z. B. jederzeit kündigen, § 627 BGB.

2. Pflichten des Kommissionärs

Den Kommissionär trifft die Pflicht zur **Durchführung des übernommenen Geschäfts**. Er hat es mit der Sorgfalt eines ordentlichen Kaufmanns auszuführen, §§ 384 I, 347 HGB, und insbesondere die Interessen des Kommittenten wahrzunehmen, sich also um möglichst günstige Vertragsbedingungen zu bemühen, §§ 384 I, Hs. 2, 387 HGB. Über diese Treuepflicht hinaus trifft den Kommissionär die **Pflicht, herauszugeben, was er durch Ausführung erlangte, § 384 II, Hs. 2 HGB.** Er ist überdies weisungsgebunden (vgl. §§ 384 I, 385 f. HGB) und benachrichtigungs- und rechenschaftspflichtig, § 384 II und III HGB.

Hat der Kommissionär dem Kommittenten den Dritten, mit dem er das Geschäft abgeschlossen hat, nicht benannt, haftet der Kommissionär dem Kommittenten verschuldensunabhängig für die Erfüllung des Ausführungsgeschäfts, § 384 III HGB. Diese Haftung hat Ähnlichkeit mit der Einstandspflicht eines Vertreters ohne Vertretungsmacht gemäß § 179 I BGB und des Handelsmaklers gemäß § 95 III HGB (s.o. S. 71).

3. Rechte des Kommissionärs

Ergibt sich ein **Provisionsanspruch** des Kommissionärs nicht schon aus der Parteiabrede, so jedenfalls aus § 354 I HGB. Der Anspruch entsteht mit Abschluss des Ausführungsgeschäfts, § 396 I HGB, allerdings aufschiebend bedingt durch die Erfüllung seitens des Dritten. Auch ohne Ausführung steht dem Kommissionär dann ein Provisionsanspruch zu, wenn dies ortsüblich ist oder das Hindernis der Ausführung in der Person des Kommittenten liegt, § 396 II HGB. Der Kommissionär hat außerdem einen **Aufwendungsersatzanspruch**, insbesondere auf Erstattung des an den Dritten gezahlten Kaufpreises, gemäß §§ 670, 675 I BGB, 396 II HGB.

Zu seiner Sicherung räumt § 397 HGB dem Kommissionär ein **gesetzliches Pfandrecht** am im Eigentum des Kommittenten stehenden Kommissionsgut ein. Ist der Kommissionär selbst Eigentümer – so häufig im Fall der Einkaufskommission – hat er ein pfandähnliches Befriedigungsrecht gemäß § 398 HGB, denn ausweislich § 1256 BGB ist ein Pfandrecht an eigenen Sachen unmöglich.

III. Das Ausführungsgeschäft

1. Schuldrechtliche Rechtslage

Die Kommission ist ein Fall mittelbarer Stellvertretung. **Vertragsparteien** des Ausführungsgeschäfts sind daher ausschließlich der **Kommissionär** und der **Dritte**. Alle Rechte und Pflichten aus diesem Rechtsgeschäft treffen daher auch *nicht* den Kommittenten. Jedoch handelt der Kommissionär nicht für eigene Rechnung, sondern auf Rechnung des Kommittenten. Im Fall einer Vertragsverletzung des Dritten tritt deshalb folgende Situation auf: Dem Kommittenten entsteht ein Schaden, ohne dass er einen Anspruch hätte, denn den hat als Vertragspartner der Kommissionär, dem allerdings kein Schaden entstanden ist. Nach allgemeiner Auffassung kann aber der Kommissionär im Wege der **Drittschadensliquidation** den Schaden des Kommittenten gegenüber dem Dritten geltend machen.

2. Dingliche Rechtslage

a. Bei der **Einkaufskommission** erhält der **Kommissionär** – weil er im eigenen Namen auftritt – regelmäßig **Eigentum** am Kommissionsgut. Auch wenn dessen **Durchgangserwerb** und die damit verbundenen Risiken für den Kommittenten nicht zu vermeiden sind, sucht man diesen Zeitraum möglichst kurz zu halten. Denn erst wenn der Kommittent Eigentümer geworden ist, kann er Aussonderungsrechte (§ 47 InsO) im Falle der Insolvenz des Kommissionärs geltend machen oder Drittwiderspruchsklage nach § 771 ZPO erheben, falls Gläubiger in das Kommissionsgut vollstrecken wollen.

Zur Weiterübereignung vom Kommissionär an den Kommittenten bedient man sich häufig einer vorweggenommenen Einigung, § 929 S. 1 BGB, in Verbindung mit einem antizipierten Besitzkonstitut, § 930 BGB, oder vereinbart, dass der Kommissionär die Übereignung im Wege des Insichgeschäfts, § 181 BGB, vornimmt. Um sachenrechtlichen Publizitäts- und Bestimmtheitserfordernissen Genüge zu tun, wird man im letzteren Fall Ausführungsanzeige und Kennzeichnung der übereigneten Waren fordern müssen.

b. Hinsichtlich der dinglichen Rechtslage gilt für die **Verkaufskommission**, dass der Kommittent auch dann noch Eigentümer des Kommissionsgutes ist, während es sich schon im Besitz des Kommissionärs befindet. So kann er seine Rechte nämlich möglichst lange sichern. Der Kommissionär ist daher regelmäßig nur zu Übereignung gemäß § 185 BGB ermächtigt. Der Erlös aus der Veräußerung freilich fällt zunächst ins Eigentum des Kommissionärs, so dass der Kommittent insoweit das Durchleitungsrisiko trägt.

3. Verdinglichte schuldrechtliche Ansprüche und deren Implikationen

a. Die Forderungen aus dem Ausführungsgeschäft einer **Verkaufskommission** stehen rechtlich dem Kommissionär zu. Der wirtschaftlich berechtigte Kommittent kann über sie erst nach Abtretung verfügen, § 392 I HGB. Sein auf letztere gerichteter schuldrechtlicher Anspruch vermag keine dingliche Wirkung gegen einen etwaigen Zessionar zu entfalten und trägt daher zu seiner Sicherung wenig bei. Anders **§ 392 II HGB**: Danach gelten noch nicht an den Kommittenten abgetretene Forderungen im Verhältnis zwischen Kommittenten und Kommissionär oder dessen Gläubigern als Forderungen des Kommittenten. Daraus folgt zunächst, dass der Kommittent einer Pfändung der Forderung durch einen Gläubiger des Kommissionärs mit der Drittwiderspruchsklage, § 771 ZPO, entgegentreten kann. Im Insolvenzverfahren steht ihm entsprechend ein Aussonderungsrecht, § 47 InsO, zu.

Überdies sind auch Verfügungen des Kommissionärs zugunsten seiner Gläubiger gegenüber dem Kommittenten unwirksam.

> *Bsp.: A will sein Auto verkaufen und gibt es bei K in Kommission. Dieser verkauft es am 1.10.2008 an B. Die Kaufpreisforderung des K gegen B tritt K an D zur Sicherung eines Darlehens vom 1.9.2008 ab. A gegenüber ist die Abtretung an D unwirksam, § 393 II HGB – einen gutgläubigen Forderungserwerb (hier des D) gibt es nicht.*

Eine Abtretung kann der *Zwangsvollstreckung* nur insoweit gleichgestellt werden, als sie im Hinblick auf die schon bestehende Gläubigereigenschaft des Zessionars erfolgt. Das bedeutet, dass § 392 II HGB der Erfüllung von **Neugeschäften** des Kommissionärs, also solchen, die er nach Abschluss des Ausführungsgeschäfts eingeht, durch Abtretung nicht entgegen.

> *Bsp.: Tritt K seine Kaufpreisforderung gegen B gegen Zahlung von 25.000 Euro am 1.11.2008 ab, ist die Abtretung wirksam. A ist auf Schadenersatzforderungen gegen K aus §§ 280 I, III, 283 BGB wegen schuldhafter Unmöglichkeit der Erfüllung seines Anspruchs aus § 384 II HGB verwiesen.*

b. Sehr umstritten ist dagegen die Frage, ob der Schutz des § 392 II HGB auch zu Lasten des Drittkontrahenten gehen kann, namentlich wenn dieser gegen die Forderung aus dem Ausführungsgeschäft aufrechnet.

> *Bsp.: B rechnet nun gegen die Kaufpreisforderung mit einer Schadenersatzforderung gegen K auf.*

Richtig dürfte hier sein, die Interessen des Dritten als schutzwürdiger anzusehen und die Aufrechnung zuzulassen. § 392 II HGB ist deshalb so auszulegen, dass zu den „Gläubigern" des Kommissionärs **nicht der Vertragspartner des Ausführungsgeschäfts** gehört.

Vgl. zu einem Parallelproblem i.R.v. § 241a BGB
STREITSTÄNDE *KOMPAKT*, **BGB AT/SCHULDRECHT AT, Nr. 39** und
JURISTISCHE STREITSTÄNDE, **SACHENRECHT, Nr. 11**

1. Überblick: Kommissionsgeschäft

Prägen Sie sich – wie immer – die grobe Struktur ein, bevor Sie das Detailwissen pauken. Klausurrelevanz hat dann aber vor allem die nicht einfache Vorschrift § 392 II HGB. Diese Norm schützt den Kommittenten vor den Gläubigern des Kommissionärs: Forderungen aus dem Ausführungsgeschäft sind bereits **vor Abtretung** an den Kommittenten dem **Vollstreckungszugriff** beim Kommissionär **entzogen**.

a. Verkaufskommission

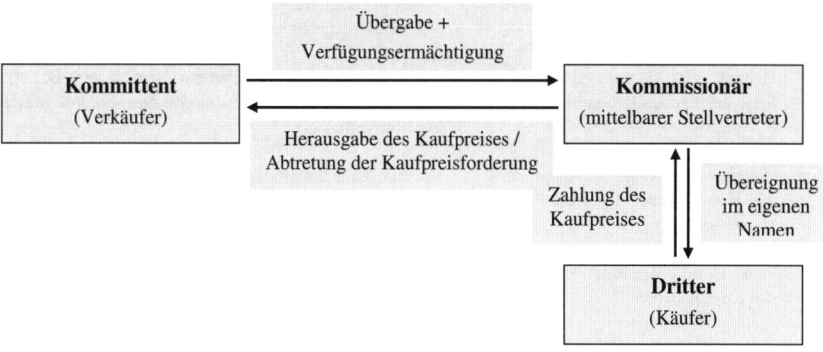

b. Einkaufskommission

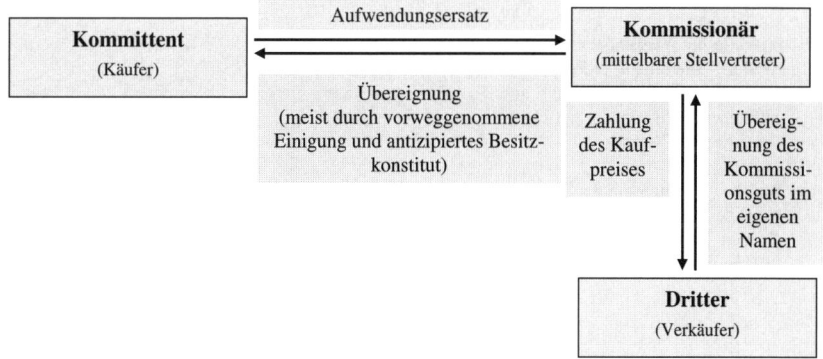

1 Wer ist Kommissionär?

Nach § 383 I HGB ist Kommissionär, wer es gewerbsmäßig übernimmt, Waren oder Wertpapiere für Rechnung eines anderen im eigenen Namen zu kaufen oder zu verkaufen.

2 Können die Vorschriften über das Kommissionsgeschäft auch auf Kleingewerbetreibende angewandt werden?

Ja, und zwar gemäß § 383 II HGB.

3 Wie heißt der Auftraggeber eines Kommissionsgeschäfts?

Kommittent.

4 Welche drei Rechtsbeziehungen sind beim Kommissionsgeschäft zu unterscheiden?

- Kommissionsvertrag
- Ausführungsgeschäft
- Abwicklungsgeschäft

5 Handelt der Kommissionär als Stellvertreter des Kommittenten?

Nein, denn er tritt in eigenem Namen auf. Da er auf fremde Rechnung handelt, spricht man aber von mittelbarer Stellvertretung.

6 Welche sind wichtige Ansprüche des Kommittenten aus dem Kommissionsvertrag?

- Herausgabe des Erlangten, § 384 II HGB
- Benachrichtigung
- Rechenschaft

7 Welche sind wichtige Ansprüche des Kommissionärs?

- Provisionsanspruch, § 396 I HGB
- Aufwendungsersatzanspruch, § 396 II HGB, §§ 670, 675 BGB
- gesetzliche Pfandrechte, §§ 397 ff. HGB

8 Kann der Kommittent Forderungen aus dem Ausführungsgeschäft gegen den Dritten geltend machen?

Grundsätzlich nein, sondern erst nach Abtretung der Forderung durch den Kommissionär, § 392 I HGB.

9 Im Falle der Verkaufskommission ist der Kommittent jedoch auch hinsichtlich noch nicht an ihn abgetretener Forderungen gesichert. Durch welche Norm?

§ 392 II HGB.

10 Welchen Nachteil bei der Übertragung des Eigentums vom Dritten auf den Kommittenten sucht letzterer zu vermeiden?

Durchgangserwerb des Kommissionärs, weil der Sache dadurch „Gefahren" drohen.

4. KAPITEL
DER FRACHTVERTRAG

Der Frachtführer übernimmt, **Güter zu befördern**, § 407 HGB, und zwischen ihm und dem Versender besteht ein so genannter Frachtvertrag. Wir können hier weder eine Darstellung des Frachtvertragsrechts liefern noch die gesetzliche Regelung kritisieren oder deren Systembrüche aufzeigen. In einer Klausur dürfte ohnehin kaum mehr als Gesetzeslektüre verlangt werden. Zwei Bemerkungen dürften die Lektüre und das Verständnis jedoch erleichtern:

I.   Wenn das Gesetz von „**Fracht**" spricht, ist damit nicht etwa das zu befördernde Gut, sondern, wie sich aus § 407 II HGB ergibt, das dem Frachtführer gebührende **Entgelt** gemeint.

II.   Der wichtigste Anspruch für die **Haftung des Frachtführers** ist § 425 HGB. Die folgenden Normen enthalten Haftungsausschlussgründe. Wichtig ist, dass gemäß § 421 I 1 HGB auch der Empfänger verlangen kann. Der Frachtvertrag ist damit **kraft Gesetz Vertrag zugunsten Dritter** im Sinne von § 328 BGB. Nach § 421 I 2 HGB kann auch der Empfänger Ansprüche im eigenen Namen geltend machen. Es handelt sich also um eine **gesetzliche Regelung der Drittschadensliquidation**, so dass der Schulfall des Versendungskaufs nunmehr schon mit Hilfe dieser Norm gelöst werden kann

WIRTSCHAFTSWISSENSCHAFTLICHE GRUNDKURSE

- Makroökonomik

  - Mikroökonomik

    - Finanzierung

      - Buchführung

        - Kostenrechnung

          - Übungsbuch Kostenrechnung

und zum

Entspannen,

Schmunzeln

und Verschenken:

JURISTISCHE CARTOONS